EN 2H

JE CUISINE PAS CHER POUR TOUTE LA SEMAINE

STÉPHANIE DE TURCKHEIM

EN 2H JE CUISINE PAS CHER POUR TOUTE LA SEMAINE

80 MENUS

FAITS MAISON, SANS GÂCHIS ET AVEC DES PRODUITS DE SAISON

PHOTOGRAPHIES : ALINE PRINCET
STYLISME : ISABELLE GUERRE

hachette
CUISINE

Préface

Préparer la cuisine à l'avance pour sa famille est vraiment gratifiant, amusant et surtout très sain. Vous connaissez le principe, les courses se font le samedi ou le dimanche matin puis vous vous réservez 2 h de cuisine dans l'après-midi et c'est parti pour 5 menus pour 4 personnes soit un repas pour tous les soirs de la semaine.

Dans cet ouvrage nous avons voulu aller plus loin et vous montrer que cuisiner sain, bon et pour toute la semaine peut se faire avec un budget plus que raisonnable soit pas plus de 50 euros par semaine pour 4.

Hé oui, c'est possible en respectant bien les saisons pour un prix des fruits et légumes raisonnable, puis en jouant sur les ingrédients afin d'avoir une semaine de repas parfaitement équilibrés. L'idée est d'avoir au moins une fois par semaine de la viande ou du poisson puis d'alterner avec des légumes et des céréales de toutes sortes. Vous pouvez aussi jouer avec les herbes et les aromates pour différents goûts et saveurs.

Vous allez trouver dans cet ouvrage 16 menus à 50 euros avec une liste de courses bien précise. Évidemment, il ne nous est pas possible de vous donner les prix exacts des ingrédients car ils varient d'un magasin, d'une région ou d'une enseigne à l'autre mais le compte est bon !

Ensuite vous serez guidé dans les préparations. Plus de stress et de casse le soir en rentrant à la maison, tout est prêt en 15 minutes. Vous pourrez ainsi profiter au mieux de vos soirées en famille.

Amusez-vous à bien cuisiner le week-end tout en faisant des économies !

Introduction

Rentrer le soir à la maison après une journée de travail en se disant sur le chemin du retour que tout est prêt et qu'il n'y a plus qu'à réchauffer est, je crois, la sensation de bien-être et de no stress la plus ultime !

Le luxe absolu si vous réfléchissez bien, un dîner fait maison, savoureux, bon, sans conservateurs ni additifs et à un coût plus que raisonnable. Toute la famille s'y retrouve et est contente et tout ça grâce à vous !

Plus jamais de pleurs pour une ultime pizza, d'énervements pour un plat qui ne cuit pas assez vite ou des disputes pour des pâtes au beurre sans parmesan car on en a déjà eu en début de semaine et que papa a fini le parmesan et le ketchup !

Aussi voici la marche à suivre, ultra simple avec cet ouvrage car nous nous sommes occupés de tout. Il vous faudra simplement trouver un peu de temps pour faire les courses et 2h le dimanche pour cuisiner et préparer vos repas pour tous les soirs de la semaine.

Ensuite il n'y aura plus qu'à réchauffer, assembler et mettre la table ce qui vous prendra maximum 15 minutes tous les soirs.

Nous vous proposons 16 menus classés par saison. Les menus sont pour une famille de 4 personnes soit 2 adultes et 2 enfants (plutôt adolescents). En cas de reste, mettez-les dans une boîte et emportez-les au bureau.

Les menus sont composés de 7 recettes, 5 plats et 1 entrée et 1 dessert ou 2 entrées ou 2 desserts. Cela dépendra des menus et des saisons.

Et le tout, ce qui fait la spécificité de cet ouvrage, pour un montant de 50 euros maximum. Incroyable mais vrai !

Suivez les étapes

1 Choisissez un menu de saison qui vous tente.

2 Faites vos courses selon vos habitudes pour ne pas perdre du temps. Les ingrédients sont simples donc pas de problème pour les trouver.

3 Bloquez 2 h dans le week-end, de préférence le dimanche, pour gagner 1 jour de fraîcheur.

4 Préparez tous le matériel dont vous avez besoin sur un plan de travail afin d'éviter de chercher et de vous laver les mains en permanence.

5 Sortez du réfrigérateur et des placards tous les ingrédients à utiliser et mettez le tout à portée des ustensiles.

6 Installez-vous un petit coin confortable et à bonne hauteur et c'est parti pour 2 h en cuisine.

7 Laissez refroidir quand c'est nécessaire et conservez les plats, les soupes, les sauces, les vinaigrettes ou les herbes ciselées dans des boîtes hermétiques, des bouteilles ou des sachets au frais.

8 Suivez ensuite les indications pour chaque soir de la semaine. N'oubliez pas de décongeler la veille quand c'est nécessaire.

Pourquoi se fixer un budget de 50 euros maximum ?

Faire les courses représente un vrai budget aujourd'hui et on a souvent tendance à acheter des ingrédients qui ne nous sont pas utiles parce qu'ils nous font envie sur le moment, sont nouveaux ou à un prix très attractif.

Aussi en préparant des menus équilibrés, simples, bons et de saison et en s'en tenant strictement à la liste de courses on s'aperçoit qu'il est très facile de respecter un budget et surtout de pouvoir cuisiner et faire plaisir à toute la famille. On peut ainsi se nourrir facilement et bien sans dépenser une fortune, surtout pour des repas en famille pour les soirs de la semaine.

C'est gratifiant de pouvoir bien faire sans dépenser une fortune, de rester simple, équilibré tout en étant gourmand et savoureux.

Les avantages de cette méthode

- Une semaine calme, tranquille sans le stress du quotidien familial du dîner à préparer. On rentre détendu et on profite de sa famille sans devoir courir à droite et à gauche pour acheter des ingrédients manquants.
- Un gain de temps indéniable en cuisine avant et après le repas car, comme tout est prêt, vous ne vous retrouvez pas avec une tonne d'accessoires à laver et ranger.
- Des repas sains et équilibrés qui favorisent un bon sommeil et qui surtout font plaisir à tout le monde.
- Enfin, plus de gaspillage car tous les ingrédients achetés sont utilisés, pas ou peu de déchets et une économie de budget indéniable car vous ne serez pas tenté de commander ou d'acheter des choses en plus si tout est préparé.

Donc 100 % de bien-être et de sérénité pour toute la famille !

Les inconvénients

Très peu finalement car, si au départ, 2H vous paraît long et fatiguant ou difficile à trouver dans le week-end, une fois que vous avez planifié votre temps et que vous vous y mettez, le temps passe vite et vous finissez les préparations sans vous en rendre compte.

Et quelle joie ensuite de voir les boîtes bien rangées dans le réfrigérateur !

Le matériel

Les menus sont relativement simples et conçus pour une famille de 4 personnes, c'est-à-dire un foyer moyen équipé d'un four classique à deux étages et d'une table de cuisson à 3 ou 4 plaques. Pour aller vite et être efficace, les cuissons doivent être faites en parallèle ou s'enchaîner.

Prévoyez des boîtes hermétiques et des pots ou bouteilles en verre que vous pouvez récupérer et réutiliser ainsi que des sachets type congélation.

Avant de vous lancer

– Triez tout ce que vous avez dans le réfrigérateur et le congélateur afin de faire de la place. Jetez les aliments qui sont moisis ou périmés. Utilisez ou dégustez ce qui reste en fonction des dates de péremptions.

– Nettoyez le réfrigérateur avec du vinaigre blanc. Une fois le réfrigérateur propre, placez un peu de mare de café dans un petit pot. Mettez celui-ci au fond du réfrigérateur pour éliminer les odeurs.

Les temps de conservation recommandés au réfrigérateur

1 semaine
Salade lavée et bien essorée
Herbes aromatiques lavées
Légumes et crudités préparés et séchés
Vinaigrette

5 jours
Œufs durs
Légumineuses cuites maison

3 à 4 jours
Céréales cuites (riz, blé, quinoa)
Légumes cuits
Soupes, veloutés, gaspachos ou coulis
Gratins
Cocottes

2 jours
Quiches et tartes
Salades composées

À savoir

– Les pommes, les avocats ou les pommes de terre s'oxydent vite et ne peuvent pas se préparer à l'avance.

– Faites cuire les céréales, le riz, les pâtes ou la semoule à la dernière minute pour une meilleure texture plus al dente et plus nature.

– Gardez les plats mijotés dans les cocottes afin de facilement les réchauffer.

– Congelez les herbes pour plus de saveur.

– Consommez les plats congelés dans les 2 mois pour plus de goût et de fraîcheur.

Matériel de base

Un matériel de base pour cuisiner

* 1 économe
* 1 couteau de cuisine
* 1 râpe
* 1 passoire
* 1 planche
* 1 paire de ciseaux
* 1 mixeur plongeant ou 1 blender

* 3 casseroles
* 1 sauteuse
* 1 cocotte
* 1 grande poêle
* 1 wok

* 1 plaque à four
* 1 plat à four
* 1 plat à tarte
* 1 saladier
* 2/3 plats de service

Pour conserver les plats ou et les aliments

Du lundi au vendredi, les plats sont conservés dans des boîtes, des bouteilles ou des plats.

Aussi il faudra prévoir de nombreuses boîtes, bocaux et bouteilles. Préférez des boîtes hermétiques en verre qui peuvent passer facilement au four ou au micro-onde. Le verre a l'avantage aussi de ne pas garder les odeurs et se lave en machine. On en trouve dans toutes les grandes surfaces aujourd'hui. Gardez les pots de miel ou de confiture pour les sauces et les vinaigrettes. Les bouteilles en verre pour les soupes, les veloutés ou les gaspachos.

Utilisez aussi les sachets zippés de congélation pour conserver les salades, crudités ou herbes ciselées.

En gros pour un menu vous aurez besoin de :

* 1 grande boîte ou sachet zippé pour conserver la salade
* 4 à 5 boîtes d'1,5 l
* 5 boîtes moyennes
* 4 petites boîtes ou bocaux
* 1 bouteille en verre de 1,5 l

Ayez aussi dans vos placards pour couvrir les plats : film alimentaire, papier d'aluminium, couvre-plat réutilisable en plastique lavable, sachets de congélation grand, petit et moyen.

GREENPAN

Bio
500 g

Placard de base

C'est une liste d'ingrédients qui sont souvent utilisés dans les menus. Vérifiez vos placards afin de ne pas en manquer.

Céréales et légumineuses

- Pâtes de toutes sortes : orecchiette, farfalle, coquillette, spaghetti
- Lasagne
- Polenta
- Semoule
- Riz
- Blé
- Lentilles

Condiments

- Moutarde
- Vinaigre de cidre
- Vinaigre balsamique
- Huile d'olive
- Huile de tournesol
- Sel
- Poivre noir
- Lait de coco
- Bouillon cube
- Coulis de tomates de type passata
- Boite de tomates concassées

Fruits secs

- Pignon
- Pruneaux

Épices basiques

- Herbes de Provences
- Origan
- Thym
- Romarin
- Cumin
- Curry
- Noix muscade
- Laurier
- Paprika

Printemps

Menu #1

Courses Menu #1

Légumes / Fruits

* 1 botte de radis
* 3 oignons
* 1 botte de carottes
* 6 pommes de terre
* 1 botte de ciboulette
* 1 kg de petits pois surgelés
* 1 salade en sachet

Placard de base

* 1 bouquet garni
* 2 bouillons « légumes »
* Farine
* 2 paquets de levure chimique
* Huile d'olive
* Vinaigre
* Moutarde
* Sel
* Poivre

Viande/Poisson

* 800 g de veau en cubes
* 1 barquette de lardons fumés

Crémerie

* 50 cl de crème fleurette
* 125 g de parmesan
* 10 œufs
* 2 yaourts grecs
* 125 g de beurre doux

Épicerie

* 1 paquet de polenta

Lundi

Radis au beurre et sel
Omelette aux fanes de radis et ciboulette

Mardi

Polenta crémeuse au parmesan et poivre noir

Mercredi

Navarin de veau aux carottes, pommes de terre et petits pois

Jeudi

Blinis aux fanes de carottes
Velouté de petits pois aux lardons fumés croustillants

Vendredi

Frites de polenta et salade à la ciboulette

Préparation Menu #1

Matériel à préparer

Pour une meilleure vue d'ensemble, sortez tous les ustensiles dont vous aurez besoin. Cela facilitera votre organisation et vous n'aurez pas besoin de chercher dans vos placards au cours des 2h de cuisine. Sortez également les ingrédients et épluchez tous les légumes. Voici les ustensiles dont vous aurez besoin :

* 1 couteau économe
* 1 cocotte avec couvercle
* 2 ou 3 poêles
* 1 casserole
* 1 plat rectangulaire
* 1 saladier
* 1 bouteille de conservation
* 1 petit pot ou 1 petite bouteille
* Des sacs congélation
* 4 boîtes hermétiques

C'est parti pour 2 h en cuisine !

1 Préparez les légumes. Coupez les feuilles de la botte de radis, triez-les et lavez-les, puis essorez-les. Épluchez et ciselez les oignons. Épluchez les carottes, coupez-les en tronçons et gardez 4 fanes. Lavez-les et ciselez-les finement. Épluchez les pommes de terre et coupez-les en 4. Ciselez la ciboulette.

2 Préparez le navarin de veau. Versez de l'huile dans une cocotte et faites revenir 1 oignon pendant 3 min, ajoutez la viande et laissez-la dorer de tous les côtés. Ajoutez les carottes et 4 pommes de terre. Couvrez d'eau et laissez mijoter à feu doux pendant 45 min. Ajoutez 200 g de petits pois, salez, poivrez et laissez encore cuire 10 min. Laissez refroidir puis conservez au frais dans la cocotte.

3 Préparez le velouté de petits pois. Versez 1 filet d'huile dans une poêle et faites revenir 1 oignon pendant 3 min. Émiettez 1 bouillon cube sur la préparation, ajoutez les pommes de terre restantes et le reste des petits pois. Versez 1 l d'eau et laissez mijoter à feu doux pendant 25 min. Mixez, goûtez et rectifiez l'assaisonnement si nécessaire. Laissez refroidir, versez dans une bouteille et conservez au frais.

4 Préparez la polenta. Faites chauffer 1,5 l d'eau dans une casserole avec 1 cube de bouillon de légumes. Ajoutez la polenta et laissez cuire selon les indications du paquet

Préparation Menu #1

jusqu'à ce que la préparation se détache de la casserole. Ajoutez 1 filet d'huile d'olive, poivrez et versez la moitié dans un plat rectangulaire. Lissez et laissez refroidir. Coupez ensuite la polenta en frites et mettez-les dans une boîte et au frais.

5 Pour la crème de polenta, ajoutez un peu d'eau dans l'autre moitié de polenta, puis versez 20 cl de crème fleurette et le parmesan. Laissez refroidir et réservez au frais.

6 Préparez les blinis. Cassez 2 œufs dans un saladier, ajoutez les 2 yaourts grecs, 200 g de farine, 5 cl de lait, 2 sachets de levure chimique, 1 pincée de sel et 2 poignées de fanes de carottes ciselées. Mélangez bien. Faites chauffer de l'huile dans une poêle et déposez des petits tas de pâte. Laissez cuire 2 à 3 min de chaque côté et réservez sur un papier absorbant. Congelez.

7 Faites griller les lardons à sec dans une poêle, réservez sur du papier absorbant le temps qu'ils refroidissent et conservez au frais dans une boîte.

8 Préparez les fanes de radis. Versez de l'huile d'olive dans une poêle et faites fondre le dernier oignon. Ajoutez les fanes de radis et laissez cuire 2 min. Salez et poivrez. Réservez dans une boîte.

9 Préparez la vinaigrette à la ciboulette. Émulsionnez 1 cuil. à soupe de vinaigre avec 3 cuil. à soupe d'huile, 1 cuil. à café de

moutarde, du sel et du poivre. Ajoutez 1 cuil. à soupe de ciboulette et versez dans un pot. Conservez au frais.

Mettez le reste de ciboulette dans un petit contenant et réservez au frais.

Conservation

Une fois que tous les plats sont prêts, laissez-les bien refroidir et suivez le petit récapitulatif ci-dessous pour placer au réfrigérateur ou au congélateur vos différentes préparations.

À placer au frais

* La cocotte de navarin couverte.
* Le velouté de petits pois dans une bouteille fermée.
* Les frites de polenta dans une boîte hermétique.
* La crème de polenta dans une boîte hermétique.
* Les lardons grillés, dans une boîte hermétique.
* Les fanes de radis cuites, dans une boîte hermétique.
* La vinaigrette à la ciboulette dans un pot ou une petite bouteille.
* La ciboulette ciselée dans un petit sac congélation.

À placer au congélateur

* Les blinis dans des sachets congélation, à plat.

Résultat Menu #1

 Menu #1

Lundi

Radis au beurre et sel
Omelette aux fanes de radis et ciboulette

Temps de préparation :
5 min
Temps de cuisson :
8 min

Versez une noisette de beurre dans la poêle et faites réchauffer à feu doux le mélange oignons-fanes de radis. Cassez 8 œufs dans un bol et battez-les à la fourchette, salez et poivrez. Montez le feu puis versez les œufs dans la poêle. Mélangez et laissez cuire plus ou moins longtemps selon vos goûts. Parsemez de ciboulette ciselée.
Mettez les radis et le beurre dans des plats.

Mardi

Polenta crémeuse au parmesan et poivre noir

Temps de préparation :
3 min
Temps de cuisson :
8 min

Détendez la polenta à la fourchette et mettez-la dans une casserole. Ajoutez la crème et poivrez bien. La texture doit être onctueuse ; si elle est trop compacte, ajoutez de l'eau. Goûtez et salez et poivrez à nouveau si nécessaire.

Mercredi

Navarin de veau aux carottes, pommes de terre et petits pois

Temps de cuisson :
15 min

Faites réchauffer le navarin dans la cocotte. Ajoutez un peu de ciboulette avant de servir.
Décongelez les blinis en les plaçant au frais.

Jeudi

Blinis aux fanes de carottes
Velouté de petits pois aux lardons fumés croustillants

Temps de préparation :
5 min
Temps de cuisson :
10 min

Préchauffez le four à 180 °C (th. 6) et enfournez les blinis pour 3 à 4 min. Ajoutez également les lardons sur un petit côté de la plaque.
Versez le velouté dans une casserole et réchauffez-le à feu doux pendant 10 min. Versez dans des bols et parsemez de lardons croustillants. Dégustez avec les blinis.

Vendredi

Frites de polenta et salade à la ciboulette

Temps de préparation :
5 min
Temps de cuisson :
5 min

Versez de l'huile dans une poêle et faites griller les frites de polenta de chaque côté.
Versez la vinaigrette dans un saladier et ajoutez la salade. Mélangez et dégustez avec les frites de polenta.

Menu #2

Courses Menu #2

Courses Menu #2

Légumes / Fruits

- 1 botte de cresson
- 1 botte d'asperges vertes
- 1 botte de navets nouveaux
- 1 botte d'oignons nouveaux
- 6 belles pommes de terre
- 1 botte de persil
- 1 tête d'ail
- 1 citron

Viande / Poisson

- 4 blancs de dinde
- 600 g de bœuf haché

Crémerie

- 1 pot de crème fraîche épaisse (20 cl)
- 6 œufs
- 1 paquet de chèvre frais « chèvretine »

Placard de base

- Romarin
- Piment
- Gingembre
- Huile d'olive
- Vinaigre balsamique (blanc de préférence)
- Miel
- Sel
- Poivre

Épicerie

- 1 paquet de riz thaï (500 g)
- 1 tablette de chocolat noir
- 1 pain de campagne

Menus de la semaine

Lundi

Carpaccio d'asperges crues à l'huile d'olive et citron
Pommes de terre au four farcies aux oignons nouveaux et aux herbes

Mardi

Blancs de dinde, asperges vertes et riz thaï en papillote
Mousse au chocolat

Mercredi

Tartines de chèvre frais à l'huile et romarin
Velouté de cresson

Jeudi

Poêlée de navets caramélisés au miel et gingembre, riz thaï

Vendredi

Boulettes de bœuf et fanes de navets à la poêle avec huile d'olive, piment et ail sur pain grillé

Préparation Menu #2

Matériel à préparer

Pour une meilleure vue d'ensemble, sortez tous les ustensiles dont vous aurez besoin. Cela facilitera votre organisation et vous n'aurez pas besoin de chercher dans vos placards au cours des 2h de cuisine. Sortez également les ingrédients et épluchez tous les légumes. Voici les ustensiles dont vous aurez besoin :

* 1 mandoline
* 1 cuit-vapeur
* 1 faitout
* 1 bol
* 2 saladiers
* 1 poêle
* 1 grande assiette
* 1 mixeur plongeant
* 1 bocal
* Papier d'aluminium
* Papier cuisson
* Papier film

C'est parti pour 2 h en cuisine !

1 **Préparez les légumes.** Nettoyez le cresson et coupez les grandes tiges. Passez les asperges sous l'eau, coupez les queues et coupez-les finement à l'aide d'une mandoline. Divisez la quantité en deux. Coupez les feuilles des navets, lavez-les et hachez-les grossièrement. Frottez les navets sous l'eau, coupez les fils. Ciselez les oignons nouveaux sans oublier les tiges. Lavez les pommes de terre, enrobez-en 4 dans du papier d'aluminium puis épluchez et coupez en quatre les 2 autres. Ciselez le persil. Épluchez et hachez l'ail.

2 **Préparez les pommes de terre au four.** Préchauffez le four à 180 °C (th. 6) et enfournez les pommes de terre entourées de papier d'aluminium pour 1 h. Versez la crème dans un bol et ajoutez 2 cuil. à soupe de persil et 2 cuil. à soupe d'oignons nouveaux. Salez, poivrez et mélangez. Versez dans une boîte hermétique et gardez au frais. Réservez les pommes de terre au frais dans le papier d'aluminium.

3 **Préparez les navets.** Faites-les cuire 12 à 15 min à la vapeur. Laissez refroidir et conservez-les dans une boîte et au frais.

4 **Faites cuire le riz selon les indications du paquet.** Égouttez et réservez la moitié dans une boîte. Conservez au frais.

5 **Préparez le velouté de cresson.** Versez 1 filet d'huile dans un faitout et faites-y revenir 2 cuil. à soupe d'oignons nouveaux et 1 cuil. à soupe d'ail pendant 5 min. Ajoutez le cresson et les 2 pommes

Préparation Menu #2

de terre restantes. Versez 1 l d'eau, salez, poivrez et laissez mijoter pendant 20 min. Mixez en velouté et versez dans une bouteille. Conservez au frais.

6 Préparez les papillotes. Coupez 4 grandes feuilles de papier cuisson. Déposez au centre de chaque feuille un lit de riz, ajoutez 1 blanc de dinde et couvrez avec une partie des asperges. Versez 1 filet d'huile d'olive, parsemez de quelques oignons nouveaux, de persil, salez et poivrez. Enfournez pour 15 min. Laissez refroidir et mettez les papillotes sur un grand plat creux, filmez et conservez au frais.

7 Préparez les boulettes de viande. Mettez la viande hachée dans un saladier, ajoutez 2 cuil. à soupe d'ail et 2 cuil. à soupe d'oignons, 1 belle pincée de piment et 1 filet d'huile d'olive. Malaxez avec les mains et formez des boulettes. Versez de l'huile dans une poêle et faites cuire les boulettes pendant une dizaine de minutes. Ajoutez un peu d'huile et saisissez rapidement les feuilles de navet. Ajoutez 1 cuil. à soupe de persil. Pressez la moitié du citron et déglacez la préparation. Décollez les sucs et laissez refroidir. Mettez dans une boîte et conservez au congélateur.

8 Préparez le carpaccio d'asperges vertes. Déposez l'autre partie des asperges de façon régulière sur une grande assiette ou plat. Pressez le demi-citron restant et versez sur la préparation puis ajoutez un bon filet d'huile d'olive. Salez, poivrez, filmez et réservez au frais pour le lendemain.

9 Préparez la mousse au chocolat. Faites fondre le chocolat au bain-marie. Séparez les blancs des jaunes d'œufs. Mettez les jaunes un à un dans le chocolat et mélangez bien. Montez les blancs en neige ferme avec 1 pincée de sel. Incorporez-les délicatement au chocolat. Versez dans un saladier, filmez et réservez au frais.

10 Faites mariner les chèvres. Mettez-les dans un bocal en verre, ajoutez 3 cuil. à soupe de romarin et 2 tours de moulin de poivre. Couvrez d'huile d'olive, fermez le bocal et conservez au frais.

Mettez l'ail, les oignons et le persil qui reste dans une petite boîte et conservez au frais.

Conservation

Une fois que tous les plats sont prêts, laissez-les bien refroidir et suivez le petit récapitulatif ci-dessous pour placer au réfrigérateur ou au congélateur vos différentes préparations.

À placer au frais

* La crème pour les pommes de terre dans une boîte hermétique.
* Les pommes de terre cuites dans leur papier d'aluminium.
* Les navets cuits à la vapeur, dans une boîte hermétique.
* La moitié du riz cuit, dans une boîte hermétique.
* Le velouté de cresson dans une bouteille.
* Les papillotes fermées, dans un plat filmé.
* Le carpaccio d'asperges, sur une assiette filmée.
* La mousse au chocolat, dans un saladier filmé.
* Les chèvres dans un bocal en verre fermé.
* Le reste de l'ail, des oignons et du persil dans une boîte hermétique.

À placer au congélateur

* Les boulettes cuites, dans une boîte hermétique.

Résultat Menu #2

À faire chaque soir Menu #2

Lundi

Carpaccio d'asperges crues à l'huile d'olive et citron
Pommes de terre au four farcies aux oignons nouveaux et aux herbes

Temps de préparation :
5 min
Temps de cuisson :
10 min

Sortez les asperges du réfrigérateur.
Préchauffez le four à 200° C (th. 6-7). Réchauffez les pommes de terre dans le papier d'aluminium.
Déposez les pommes de terre dans une assiette, ouvrez le papier d'aluminium et coupez la pomme de terre en son centre mais sans la trancher complètement en deux. Ajoutez le mélange de crème fraîche aux oignons et aux herbes.

Mardi

Blancs de dinde, asperges vertes et riz thaï en papillote
Mousse au chocolat

Temps de cuisson :
10 min

Préchauffez le four à 180 °C (th. 6). Enfournez les papillotes pour 10 min et servez. Sortez la mousse au chocolat du réfrigérateur.

Mercredi

Tartines de chèvre frais à l'huile et romarin
Velouté de cresson

Temps de préparation :
5 min
Temps de cuisson :
10 min

Faites réchauffer le velouté à feu doux dans une casserole.
Coupez le pain en tranches et passez-les au grille-pain pendant 2 min. Déposez-les sur une assiette et ajoutez un chèvre au romarin. Versez le velouté dans des bols.

Jeudi

Poêlée de navets caramélisés au miel et gingembre, riz thaï

Temps de préparation : 5 min
Temps de cuisson : 10 min

Faites réchauffer le riz à feu doux.
Versez de l'huile d'olive dans une poêle et faites dorer pendant 5 min les navets. Mélangez dans un petit bol 1 cuil. à soupe de miel avec du gingembre et du vinaigre balsamique blanc. Versez sur la préparation et laissez caraméliser pendant 3 à 4 min en mélangeant. Versez le riz et les navets dans 2 plats et servez.
Sortez les boulettes du congélateur.

Vendredi

Boulettes de bœuf et fanes de navets à la poêle avec huile d'olive, piment et ail sur pain grillé

Temps de préparation : 8 min
Temps de cuisson : 10 min

Faites réchauffer les boulettes et les fanes dans une poêle à feu doux.
Versez de l'huile d'olive dans une autre poêle et faites-y revenir le reste du mélange oignon, ail, persil. Poêlez ensuite 4 tranches de pain et répartissez le mélange dessus. Déposez sur les assiettes et ajoutez les boulettes.

Menu #3

Courses Menu #3

Légumes / Fruits

* 4 fenouils
* 1 barquette de fraises
* 8 carottes
* 2 blancs de poireaux
* 1 kg d'épinards
* 2 oignons
* 1 botte de persil
* 10 pommes de terre

Viande / Poisson

* 1 chorizo doux
* 600 g de filets de maquereaux (surgelés)

Crémerie

* 2 boules de mozzarella
* 250 g de ricotta
* 200 g de parmesan

Placard de base

* Origan
* Moutarde forte
* Ras-el-hanout
* Fleur d'oranger
* Miel
* Huile d'olive
* Vinaigre
* Sel
* Poivre
* 1 paquet de biscuits

Épicerie

* 2 boîtes de tomates concassées
* 1 boîte de cannelloni (250 g)
* 1 boîte de pois chiches (250 g)
* 1 bocal d'olives vertes dénoyautées
* 1 baguette

Menus de la semaine

Lundi

Fenouil rôti, mozzarella et croûtons grillés
Fraises à la fleur d'oranger

Mardi

Salade d'épinards frais au parmesan
Filets de maquereaux à la moutarde et pommes de terre au four

Mercredi

Tagine de carottes, pois chiches et olives vertes

Jeudi

Soupe de légumes au chorizo et persil frais, frites de pain grillé

Vendredi

Cannelloni ricotta-épinards et coulis de tomates

Préparation Menu #3

Matériel à préparer

Pour une meilleure vue d'ensemble, sortez tous les ustensiles dont vous aurez besoin. Cela facilitera votre organisation et vous n'aurez pas besoin de chercher dans vos placards au cours des 2h de cuisine. Sortez également les ingrédients et épluchez tous les légumes. Voici les ustensiles dont vous aurez besoin :

- 1 économe
- 2 faitouts
- 1 mixeur plongeant
- 1 plaque de four
- 3 plats à four
- 1 mixeur
- 1 poêle
- Papier sulfurisé

<u>C'est parti pour 2 h en cuisine !</u>

<u>1</u> Commencez par préparer les légumes. Coupez les branches des fenouils et le feuillage vert et ciselez le tout finement. Épluchez les fenouils à l'aide d'un économe puis coupez-les en 4. Équeutez les fraises. Épluchez les carottes. Coupez le vert des poireaux, entaillez le blanc et passez-le sous l'eau puis coupez-le en grosses rondelles. Lavez les épinards et essorez-les. Épluchez et ciselez les oignons. Ciselez le persil.

<u>2</u> Préparez le velouté au chorizo. Mettez dans une grande casserole ou faitout 6 pommes de terre, 3 carottes et 2 blancs de poireaux. Enlevez la peau du chorizo et coupez-le en petits morceaux. Ajoutez-le aux légumes. Poivrez et versez 1 l d'eau. Portez à frémissement et laissez mijoter 25 à 30 min. Mixez puis laissez refroidir. Versez dans une bouteille et conservez au frais.

<u>3</u> Préparez les légumes au four pour le plat du lundi ainsi que celui du mardi. Préchauffez le four à 180 °C (th. 6). Déposez les quartiers de fenouil et les pommes de terre restantes sur une plaque allant au four garnie de papier sulfurisé. Salez, poivrez puis enfournez pour 35 à 40 min.

<u>4</u> Au bout de ce temps, réservez les fenouils dans un plat allant au four. Coupez les boules de mozzarella en 4 et ajoutez-les en quinconce dans les fenouils. Ajoutez 1 filet d'huile d'olive et poivrez bien. Filmez et réservez au frais.

Préparation Menu #3

5 Préparez les cannellonis. Mettez environ 700 g d'épinards dans un mixeur et ajoutez la ricotta, 100 g de parmesan râpé et 1 filet d'huile d'olive. Salez, poivrez et mixez en crème épaisse. Farcissez les cannellonis et déposez-les dans un plat allant au four les uns à côté des autres. Versez un peu d'huile dans une poêle et faites revenir un oignon pendant 4 min, ajoutez les boîtes de tomates concassées, 2 cuil. à soupe d'origan et un trait de miel. Mélangez et laissez cuire 5 min. Versez sur les cannellonis, saupoudrez d'environ 50 g de parmesan et enfournez pour 25 à 30 min à la suite des légumes. Laissez refroidir, filmez et conservez au congélateur.

6 Préparez les maquereaux. Montez la température du four à 200 °C (th. 6-7). Badigeonnez les filets de maquereaux de moutarde forte, déposez-les dans un plat allant au four, salez, poivrez et parsemez de feuillage de fenouil ciselé. Enfournez pour 8 min à la suite des cannellonis. Laissez refroidir. Coupez les 4 pommes de terre rôties en deux et mettez-les avec les maquereaux. Filmez et conservez au frais.

7 Préparez le tagine. Faites revenir dans un faitout un oignon pendant 4 min dans un bon filet d'huile d'olive. Ajoutez 1 cuil. à soupe de ras-el-hanout et mélangez. Ajoutez les 5 carottes et couvrez d'eau. Laissez cuire 30 min puis ajoutez les pois chiches et les olives. Laissez encore cuire 15 min. Salez, poivrez et saupoudrez de persil frais. Laissez refroidir et conservez au frais dans une boîte hermétique.

8 Coupez les plus grosses fraises en deux. Mettez-les dans une boîte hermétique, ajoutez 1 cuil. à soupe de fleur d'oranger et sucrez légèrement. Mélangez, fermez la boîte et conservez au frais.

9 Mettez les 300 g d'épinards restants dans un sachet et conservez au frais.

10 Préparez une vinaigrette simple. Émulsionnez 2 cuil. à soupe de vinaigre avec 4 cuil. à soupe d'huile d'olive. Salez et poivrez bien. Versez dans un pot et conservez au frais.

11 Conservez le reste du parmesan et le reste de persil dans des petites boîtes et au frais.

Conservation

* Une fois que tous les plats sont prêts, laissez-les bien refroidir et suivez le petit récapitulatif ci-dessous pour placer au réfrigérateur ou au congélateur vos différentes préparations.

À placer au frais

* Le velouté au chorizo, dans une bouteille.
* Les fenouils cuits, dans un plat filmé.
* Les maquereaux et les pommes de terre, dans un plat filmé.
* Le tagine, dans une boîte hermétique.
* Les fraises à la fleur d'oranger, dans une boîte hermétique.
* Le reste des épinards, dans un sachet.
* La vinaigrette dans un petit pot.
* Le reste du parmesan et du persil dans des petites boîtes.

À placer au congélateur

* Les cannellonis, dans un plat filmé

Résultat Menu #3

Menu #3

Lundi

Fenouil rôti, mozzarella et croûtons grillés
Fraises à la fleur d'oranger

Temps de préparation :
2 min
Temps de cuisson :
10 min

Préchauffez le four à 180 °C (th. 6) et enfournez le plat pour 10 min. Faites griller la baguette pour faire des croûtons. Servez immédiatement.
Versez les fraises dans un saladier.

Mardi

Salade d'épinards frais au parmesan
Filets de maquereaux à la moutarde et pommes de terre au four

Temps de préparation :
5 min
Temps de cuisson :
5 min

Préchauffez le four à 180 °C (th. 6) et enfournez le plat pour 5 à 8 min.
Versez la vinaigrette dans un saladier, ajoutez les épinards et parsemez de parmesan. Mélangez.

Mercredi

Tagine de carottes, pois chiches et olives vertes

Temps de cuisson :
15 min

Réchauffez le tagine à feu doux pendant 15 min.

Jeudi

Soupe de légumes au chorizo et persil frais, frites de pain grillé

Temps de préparation :
5 min
Temps de cuisson :
10 min

Versez la soupe dans une casserole et réchauffez à feu moyen pendant 10 min.
Coupez la baguette en deux dans le sens de la largeur et de la longueur et mettez-la dans le grille-pain. Coupez ensuite en frites.
Versez la soupe dans des bols et parsemez de persil.
Décongelez les cannellonis

Vendredi

Cannelloni ricotta-épinards et coulis de tomates

Temps de cuisson :
15 min

Préchauffez le four à 180 °C (th. 6).
Enfournez le plat pour 15 min.

Menu #4

Courses Menu #4

Courses Menu #4

Légumes / Fruits

* 1 botte de rhubarbe
* 3 oignons
* 3 courgettes
* 1 boule de céleri-rave
* 1 pomme de terre
* 1 fenouil
* 1 botte de persil
* 1 botte de ciboulette
* 1 botte de menthe
* 1 petite barquette de fraises
* 1 citron
* 1 grand sachet de pousse d'épinards
* 1 barquette de tomates cerise

Placard de base

* Farine
* Sucre
* Huile d'olive
* Vinaigre
* Moutarde
* Sel
* Poivre
* 1 paquet de biscuits

Viande / Poisson

* 500 g de rôti de porc
* 300 g de saumon frais

Crémerie

* 8 œufs
* 500 g de faisselle à 40 %
* 1 bloc de feta

Épicerie

* 1 pâte brisée
* 1 paquet de mélange 4 céréales (400 g)

Lundi

Céleri-rave à l'huile d'olive et au citron
Tarte au fromage blanc et aux herbes

Mardi

Rôti de porc à la rhubarbe et mélange 4 céréales

Mercredi

Salade épinards, tomates cerise et œufs mollets
Compote de rhubarbe et fraises

Jeudi

Poêlée de mélange 4 céréales aux herbes, fenouil et dés de saumon

Vendredi

Velouté chaud ou froid de courgettes à la menthe et dés de feta

Préparation Menu #4

Matériel à préparer

Pour une meilleure vue d'ensemble, sortez tous les ustensiles dont vous aurez besoin. Cela facilitera votre organisation et vous n'aurez pas besoin de chercher dans vos placards au cours des 2h de cuisine. Sortez également les ingrédients et épluchez tous les légumes. Voici les ustensiles dont vous aurez besoin :

* 1 économe
* 1 cocotte
* 1 moule à tarte
* 2 saladiers
* 1 faitout
* 1 blender (ou mixeur plongeant)
* 2 casseroles

C'est parti pour 2 h en cuisine !

1 Congelez le saumon s'il est frais.

2 Commencez par éplucher les légumes. Épluchez la rhubarbe et coupez-la en tronçons. Épluchez et ciselez les oignons. Lavez les courgettes, coupez les extrémités et détaillez-les en tronçons. Épluchez et coupez le céleri en tranches fines. Épluchez la pomme de terre et coupez-la en 4. Épluchez le fenouil, gardez les tiges et le feuillage vert et hachez le tout grossièrement. Ciselez le persil, la ciboulette et la menthe. Lavez et équeutez les fraises.

3 Commencez par le porc à la rhubarbe. Versez 1 filet d'huile d'olive dans une cocotte et faites-y suer 1 oignon pendant 3 min. Ajoutez le rôti de porc et saisissez-le de tous les côtés. Salez, poivrez et ajoutez 1 petit verre d'eau. Laissez cuire 20 min puis ajoutez la moitié de la rhubarbe autour du rôti. Laissez mijoter encore une vingtaine de minutes. Conservez au frais la préparation refroidie.

4 Préparez la tarte au fromage blanc. Préchauffez le four à 180 °C (th. 6). Déroulez la pâte dans un moule à tarte. Cassez 4 œufs dans un saladier, ajoutez le fromage blanc et 2 cuil. à soupe de farine. Salez, poivrez et fouettez en texture bien lisse. Ajoutez l'équivalent de 1 oignon ciselé, les tronçons et le vert de fenouil hachés, 2 cuil. à soupe de persil, 2 cuil. à soupe de ciboulette et 2 cuil. à soupe de menthe. Mélangez bien et versez sur la pâte. Enfournez pour 20 à 25 min. Laissez refroidir, filmez et conservez au frais.

Préparation Menu #4

5 Préparez le velouté de courgettes. Versez un filet d'huile d'olive dans un faitout et faites revenir 1 oignon pendant 3 min. Ajoutez la pomme de terre et les rondelles de courgettes. Mélangez, salez et poivrez. Ajoutez 75 cl d'eau, couvrez et laissez mijoter à feu doux pendant 25 min. Versez dans le blender, ajoutez 2 cuil. à soupe de menthe et mixez. Goûtez et rectifiez l'assaisonnement si nécessaire. Versez dans une boîte et conservez au congélateur.

6 Faites cuire les céréales dans une casserole d'eau selon les indications du paquet. Égouttez et réservez 1 partie dans une boîte pour accompagner le rôti. Préparez la poêlée avec l'autre moitié. Mettez-la dans un saladier, ajoutez le fenouil haché, les dés de saumon fumé, 2 cuil. à soupe de persil et 1 cuil. à soupe de ciboulette. Zestez et pressez le jus du citron et versez la moitié sur la préparation. Mélangez et ajoutez 2 cuil. à soupe d'huile d'olive et poivrez bien. Mélangez. Versez dans une boîte et conservez au frais.

7 Préparez la compote. Mettez les tronçons de rhubarbe restants dans une casserole, ajoutez 1 fond d'eau et 3 cuil. à soupe de sucre. Faites chauffer à feu vif puis ajoutez les fraises. Mélangez et laissez cuire 10 à 15 min. Sucrez à nouveau si nécessaire. Laissez refroidir et conservez au frais dans une boîte.

8 Mettez les rondelles de céleri-rave dans une boîte, ajoutez le reste du jus de citron, 1 filet d'huile d'olive, salez et poivrez. Parsemez de persil et d'une pointe de ciboulette. Conservez au frais.

9 Faites cuire 4 œufs pendant 5 min. Passez-les sous l'eau froide et réservez-les dans une boîte au frais.

10 Préparez une sauce verte pour la salade aux épinards et aux œufs. Versez 1 cuil. à soupe de moutarde dans un bol, ajoutez 2 cuil. à soupe de vinaigre et 5 cuil. à soupe d'huile. Émulsionnez, salez, poivrez puis ajoutez toutes les herbes restantes. Mélangez et versez dans un pot. Gardez au frais.

Conservation

Une fois que tous les plats sont prêts, laissez-les bien refroidir et suivez le petit récapitulatif ci-dessous pour placer au réfrigérateur ou au congélateur vos différentes préparations.

À placer au frais

- Le rôti à la rhubarbe, dans la cocotte filmée.
- La tarte au fromage blanc, dans le moule filmé.
- La moitié des céréales cuites dans une boîte hermétique.
- La poêlée de céréales, dans une boîte hermétique.
- La compote rhubarbe et fraises, dans une boîte hermétique.
- Le céleri-rave, dans une boîte hermétique.
- Les 4 œufs cuits.
- La sauce verte, dans un petit pot.
- La barquette de tomates cerise.
- Le bloc de feta.

À placer au congélateur

- Le velouté de courgettes, dans une boîte hermétique.
- Le saumon

Résultat Menu #4

À faire chaque soir Menu #4

Lundi

Céleri-rave à l'huile d'olive et au citron
Tarte au fromage blanc et aux herbes

Temps de préparation :
5 min
Temps de cuisson :
15 min

Préchauffez le four à 180 °C (th. 6), enfournez la tarte pour 10 min. Il est possible aussi de la déguster froide.
Déposez les rondelles de céleri-rave sur un plat de service.

Mardi

Rôti de porc à la rhubarbe et mélange 4 céréales

Temps de cuisson :
15 min

Réchauffez le rôti de porc à feu moyen dans la cocotte.
Réchauffez le mélange de céréales dans une casserole ou une poêle avec un peu d'huile.

Mercredi

Salade épinards, tomates cerise et œufs mollets
Compote de rhubarbe et fraises

Temps de préparation :
10 min

Mettez dans un grand plat creux les épinards. Lavez et coupez en deux les tomates cerise et déposez-les sur les épinards. Écalez les œufs et coupez-les en 4. Déposez sur la salade et ajoutez la sauce verte.
Versez la compote dans un saladier.
Sortez le saumon du congélateur et placez-le au réfrigérateur.

Jeudi

Poêlée de mélange 4 céréales aux herbes, fenouil et dés de saumon

Temps de cuisson :
5 à 7 min

Versez de l'huile d'olive dans la poêle et faites dorer le saumon coupé en cubes 5 min. Faites réchauffer les céréales à feu doux et servez avec le saumon. Décongelez le velouté de courgettes.

Vendredi

Velouté chaud ou froid de courgette à la menthe et dés de feta

Temps de préparation :
5 min
Temps de cuisson :
5 à 6 min

Versez le velouté dans une casserole et réchauffez-le à feu doux pendant 5 à 6 min. Vous pouvez aussi le déguster froid.
Versez dans des bols. Coupez la feta en petits cubes et parsemez-la sur le velouté. Ajoutez 1 trait d'huile d'olive et poivrez.

Été

Menu #1

Courses Menu #1

Courses Menu #1

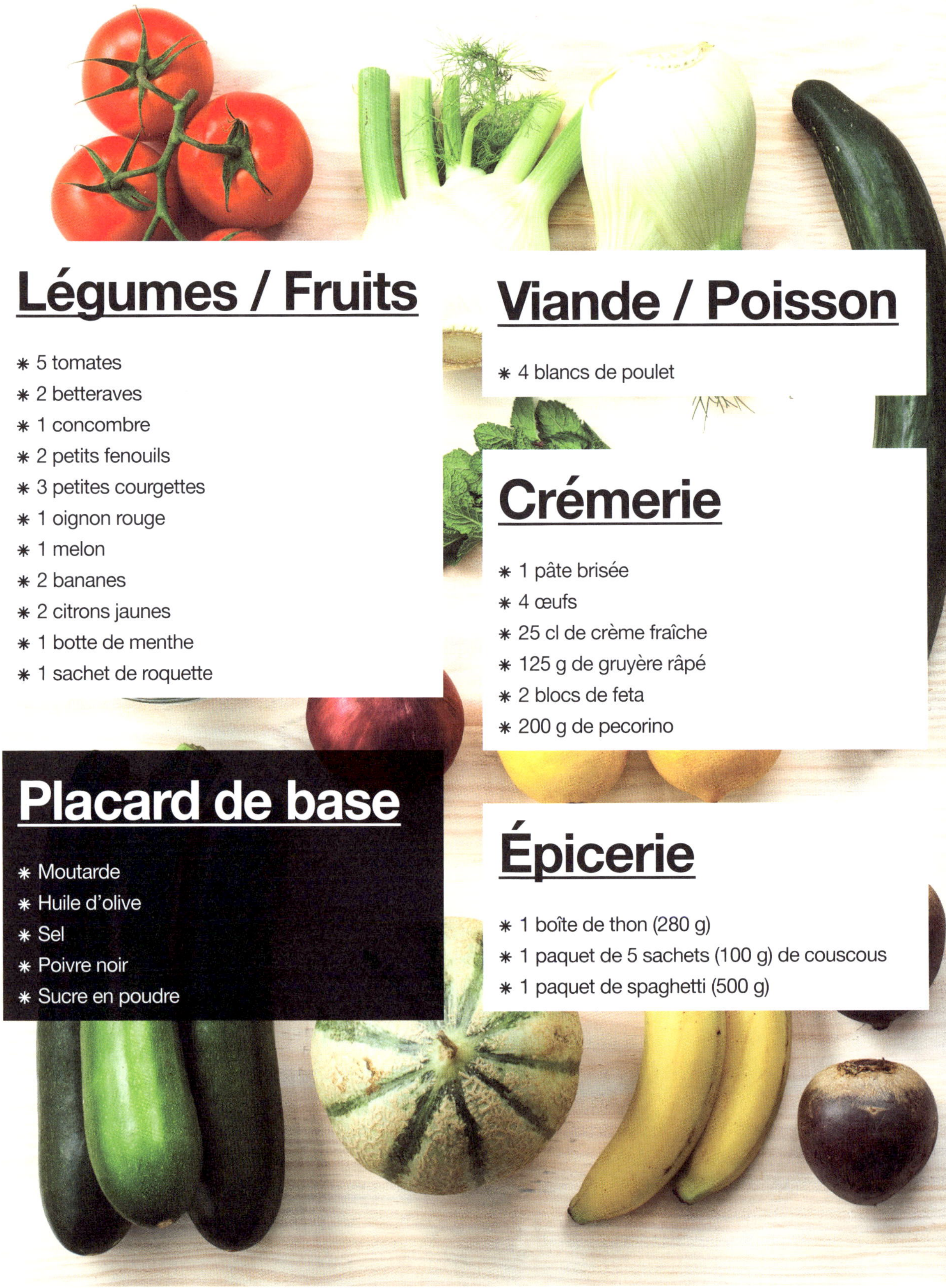

Légumes / Fruits

- 5 tomates
- 2 betteraves
- 1 concombre
- 2 petits fenouils
- 3 petites courgettes
- 1 oignon rouge
- 1 melon
- 2 bananes
- 2 citrons jaunes
- 1 botte de menthe
- 1 sachet de roquette

Viande / Poisson

- 4 blancs de poulet

Crémerie

- 1 pâte brisée
- 4 œufs
- 25 cl de crème fraîche
- 125 g de gruyère râpé
- 2 blocs de feta
- 200 g de pecorino

Placard de base

- Moutarde
- Huile d'olive
- Sel
- Poivre noir
- Sucre en poudre

Épicerie

- 1 boîte de thon (280 g)
- 1 paquet de 5 sachets (100 g) de couscous
- 1 paquet de spaghetti (500 g)

Lundi

Taboulé de couscous au thon
Sorbet melon banane et menthe fraîche

Mardi

Quiche à la courgette et vert de fenouil parsemée de roquette

Mercredi

Salade grecque

Jeudi

Brochette de poulet mariné au citron et fenouil + couscous

Vendredi

Carpaccio de betterave cuite à l'huile d'olive et roquette
Spaghetti « cacio e pepe »

Préparation Menu #1

Matériel à préparer

Pour une meilleure vue d'ensemble, sortez tous les ustensiles dont vous aurez besoin. Cela facilitera votre organisation et vous n'aurez pas besoin de chercher dans vos placards au cours des 2h de cuisine. Sortez également les ingrédients et épluchez tous les légumes. Voici les ustensiles dont vous aurez besoin :

- 1 économe
- 1 moule à tarte
- 1 blender
- 1 saladier
- Piques à brochettes
- Papier d'aluminium

C'est parti pour 2 h en cuisine !

1 Commencez par préparer tous les légumes. Lavez-les puis coupez 4 tomates en 6 quartiers et la dernière en petits cubes. Épluchez les betteraves. Tranchez les extrémités du concombre et coupez-le en deux. Coupez une partie en petits morceaux pour le taboulé, enlevez ou non les pépins. Coupez l'autre moitié en bâtonnets et enlevez les pépins du centre. Épluchez les fenouils et coupez-les en morceaux. Gardez le feuillage vert et ciselez-le finement, il servira pour aromatiser la quiche. Coupez les extrémités des courgettes et hachez-les grossièrement. Épluchez et coupez l'oignon rouge en rondelles. Tranchez le melon en deux, enlevez les pépins à l'aide d'une cuillère à soupe puis prélevez la chair. Épluchez les bananes et coupez-les en grosses rondelles. Pressez le jus des citrons et ciselez la menthe.

2 Préchauffez le four à 180 °C (th. 6). Réhydratez la semoule selon les indications du sachet.

3 Enveloppez les betteraves dans du papier d'aluminium et mettez-les dans le four pendant 1 h 30. Laissez refroidir puis réservez dans une boîte et au frais.

4 Préparez la quiche aux courgettes. Déroulez la pâte brisée dans un plat à tarte. Badigeonnez le fond de moutarde forte. Cassez les œufs dans un bol, ajoutez la crème, battez au fouet, salez et poivrez. Incorporez l'équivalent de 2 courgettes, le gruyère râpé et le vert du fenouil. Mélangez

Préparation Menu #1

bien et versez sur la pâte. Enfournez pour 30 à 35 min. Laissez refroidir à température ambiante, filmez et réservez au frais.

5 **Préparez les brochettes de poulet.** Coupez les blancs de poulet en morceaux et piquez-les sur 4 piques à brochettes en alternant et en serrant bien avec des morceaux de fenouil. Mettez-les dans une boîte en les rangeant les unes à côté des autres. Versez la moitié du jus de citron dans un bol, ajoutez 4 cuil. à soupe d'huile d'olive, salez et poivrez. Versez sur les brochettes en les retournant pour que la marinade soit bien partout. Fermez la boîte et réservez au frais.

6 **Préparez la salade de feta.** Déposez dans une boîte, les tomates, les concombres en bâtonnets, la moitié de l'oignon rouge et ajoutez de la menthe ciselée. Fermez la boîte et placez-la au frais.

7 **Préparez le sorbet melon.** Versez le reste du jus de citron dans un blender, ajoutez 1 pincée de menthe fraîche, 1 à 2 cuil. de sucre (en fonction des goûts), les bananes et le melon. Mixez en texture bien lisse. Versez dans une boîte et mettez au congélateur.

8 **Séparez la semoule en deux parts égales.** Mettez une partie dans une boîte pour accompagner les brochettes et réservez au frais.

9 Préparez le taboulé. Versez l'autre part de couscous dans un saladier, ajoutez les dés de tomate, les dés de concombre, la courgette hachée et le reste de l'oignon rouge. Ouvrez la boîte de thon, émiettez-le à la fourchette et ajoutez-le dans le bol. Ajoutez de la menthe, versez 1 filet d'huile d'olive, 1 trait de vinaigre, salez et poivrez. Mélangez et réservez au frais dans une boîte.

Conservation

Une fois que tous les plats sont prêts, laissez-les bien refroidir et suivez le petit récapitulatif ci-dessous pour placer au réfrigérateur ou au congélateur vos différentes préparations.

À placer au frais

* Les betteraves cuites, dans une boîte hermétique.
* La quiche aux courgettes, dans le moule filmé.
* Les brochettes de poulet dans une boîte hermétique.
* La salade de feta, dans une boîte hermétique.
* La moitié de la semoule cuite, dans une boîte hermétique.
* Le taboulé, dans une boîte hermétique.
* La roquette.

À placer au congélateur

* Le sorbet melon, dans une boîte hermétique.

Résultat Menu #1

À faire chaque soir Menu #1

Lundi

Taboulé de couscous au thon
Sorbet melon banane et menthe fraîche

Temps de préparation :
5 min

Versez le taboulé dans un plat, mélangez et rectifiez l'assaisonnement si nécessaire.
Sortez le sorbet du congélateur avant de passer à table. Passez-le au blender pour qu'il soit mousseux et versez dans des bols.

Mardi

Quiche à la courgette et vert de fenouil parsemée de roquette

Temps de préparation :
2 min
Temps de cuisson :
10 min (ou 0 si vous préférez une quiche froide)

Préchauffez le four à 180 °C (th. 6) et réchauffez légèrement la quiche (meilleure tiède en été). Ajoutez 2 poignées de roquette et 1 filet d'huile d'olive avant de servir.

Mercredi

Salade grecque

Temps de préparation :
5 min

Versez la boîte contenant les tomates, les concombres, l'oignon rouge et la menthe dans un saladier. Ouvrez les blocs de feta et coupez-les en 4 ou en cubes. Ajoutez-les dans le saladier, versez un filet d'huile d'olive, mélangez et dégustez.

Jeudi

Brochette de poulet mariné au citron et fenouil et couscous

Temps de préparation :
1 min
Temps de cuisson :
15 min

Préchauffez le four à 180 °C (th. 6). Déposez le couscous dans le fond d'un plat à gratin. Déposez les brochettes de poulet et enfournez pour 10 min. Arrosez de marinade, retournez les brochettes et enfournez pour encore 5 min.

Vendredi

Carpaccio de betterave cuite à l'huile d'olive et roquette Spaghetti « cacio e pepe »

Temps de préparation :
5 min
Temps de cuisson :
10 min

Faites bouillir de l'eau avec 1 pincée de gros sel. Ajoutez les pâtes et faites-les cuire al dente.
Pendant ce temps, découpez finement les betteraves de façon à avoir un carpaccio et déposez-les sur une assiette. Ajoutez 1 filet d'huile d'olive, salez et poivrez. Parsemez de roquette.
Prélevez une louche d'eau de cuisson des pâtes et égouttez-les. Versez le pecorino et mélangez bien pour qu'il fonde. Versez de l'huile dans une poêle, ajoutez les pâtes, poivrez bien et versez la sauce. Mélangez et dégustez bien chaud.

Menu #2

Courses Menu #2

Courses Menu #2

Légumes / Fruits

- 6 tomates à farcir
- 4 courgettes
- 1 petit concombre
- 1 melon
- 1 botte de basilic
- 1 botte d'oignons nouveaux
- 5 gousses d'ail frais
- 3 citrons jaunes
- 1 barquette de fruits rouges
- 1 sachet de pousses d'épinards
- 1 sachet de salade verte

Viande / Poisson

- 400 g de farce à tomates
- 6 sardines en filets (= 12 filets)
- 6 tranches de jambon cru

Crémerie

- 1 bûche de chèvre
- 400 g de fromage blanc au lait de brebis

Placard de base

- Huile d'olive
- Vinaigre de Xérès
- Sel
- Poivre
- Piment d'Espelette
- Sucre

Épicerie

- 1 paquet de riz blanc long grain (250 g)
- 1 paquet d'orecchiette (500 g)
- 1 petite boîte de concassée de tomates ou coulis de tomate
- 1 pâte à pizza
- 1 baguette

Lundi

Gaspacho de melon
Sardines fraîches marinées à l'huile d'olive et au citron avec baguette grillée et salade au basilic

Mardi

Tomates farcies et riz blanc

Mercredi

Orecchiette aux tomates fraîches, à l'ail et au basilic
Crème de fruits rouges glacée

Jeudi

Gratin de courgettes (avec fond de riz) et jambon cru

Vendredi

Pizza au chèvre frais et pousses d'épinards

Préparation Menu #2

Matériel à préparer

Pour une meilleure vue d'ensemble, sortez tous les ustensiles dont vous aurez besoin. Cela facilitera votre organisation et vous n'aurez pas besoin de chercher dans vos placards au cours des 2h de cuisine. Sortez également les ingrédients et épluchez tous les légumes. Voici les ustensiles dont vous aurez besoin :

- 1 robot ou 1 mandoline
- 1 bol
- 1 plat à four
- 1 plat à gratin
- 1 terrine
- 1 blender

C'est parti pour 2 h en cuisine !

1 Commencez par laver les légumes : concombre, courgettes, tomates et les herbes. Coupez les extrémités des courgettes et coupez-les en rondelles fines dans le robot ou à l'aide d'une mandoline. Coupez le haut de 4 tomates et videz la chair dans un bol. Épluchez les 2 tomates restantes et réservez en attendant. Émincez le blanc et le vert des oignons nouveaux. Coupez le petit concombre en 4. Pressez le jus des citrons et zestez une moitié. Épluchez et ciselez finement l'ail.

2 Préchauffez le four à 180 °C (th. 6) et préparez les plats allant au four.

3 Préparez les tomates farcies. Ajoutez la farce dans la chair des tomates ainsi qu'un filet d'huile d'olive et mélangez bien afin d'obtenir une préparation souple. Farcissez les tomates et déposez le tout dans un plat allant au four. Ajoutez le haut des tomates et versez un filet d'huile d'olive. Enfournez pour 30 à 35 min. Laissez refroidir et réservez au frais.

4 Préparez le gratin de courgettes. Versez 3 cuil. à soupe de riz dans le fond du plat à gratin, un filet d'huile d'olive et 2 cuil. à soupe d'eau. Parsemez d'oignons blancs nouveaux et d'ail haché. Déposez les rondelles de 4 courgettes. Ajoutez 2 cuil. à soupe d'eau et un bon filet d'huile d'olive, salez, poivrez et enfournez à côté ou sous les tomates pendant 25 à 30 min. Laissez refroidir à la sortie du four. Filmez et congelez.

Préparation Menu #2

5 Préparez la pizza. Déroulez la pâte sur une plaque allant au four. Versez la petite boîte de concassée ou de coulis de tomates sur la pâte et étalez bien. Coupez le chèvre en rondelles fines et déposez-le sur la pâte en alternant avec des rondelles de courgette. Ajoutez un bon filet d'huile d'olive, salez et poivrez. Enfournez à la suite des gratins pour 10 min. Ne laissez pas trop cuire. Laissez refroidir et congelez.

6 Faites cuire le reste de riz pour le mardi. Conservez au frais dans une boîte.

7 Préparez le gaspacho de melon. Mettez le petit concombre dans le blender. Coupez le melon en deux, enlevez les pépins et mettez la chair dans le blender. Ajoutez 1 cuil. à soupe d'oignons nouveaux, 1 cuil. à soupe de basilic, 1 pincée de sucre pour l'acidité (sauf si le melon est bien sucré), 2 cuil. à soupe de vinaigre de Xérès, 1 filet de jus de citron, 3 cuil. à soupe d'huile d'olive, 1 pincée de piment d'Espelette, salez et poivrez. Mixez bien, goûtez et rectifiez l'assaisonnement. Versez dans une bouteille et conservez au frais.

8 Préparez les sardines. Passez les filets de sardines sous l'eau et séchez-les avec du papier absorbant. Déposez 4 filets dans une petite terrine côté peau vers le fond. Ajoutez des oignons blancs. Faites ainsi de suite. Dans un bol, émulsionnez 5 cuil. à soupe de jus de citron (le reste) et 8 cuil. à soupe d'huile d'olive, salez, poivrez et ajoutez 1 pointe de piment d'Espelette et 1 cuil. à soupe d'ail ciselé. Versez sur les sardines, couvrez ou filmez la terrine et réservez au frais.

9 Préparez la crème glacée de fruits rouges. Mettez les fruits rouges dans le blender, ajoutez les zestes de citron, 1 cuil. à c. de sucre et le fromage blanc de brebis. Mixez, goûtez et sucrez si nécessaire. Versez dans une boîte et réservez au congélateur.

10 Préparez la sauce pour les pâtes. Mettez les tomates épluchées dans le blender, ajoutez l'ail, le basilic (réservez 1 cuil. à soupe pour la vinaigrette) et 4 cuil. à soupe d'huile d'olive. Mixez, salez et poivrez. Versez dans un pot et conservez au frais.

11 Préparez la vinaigrette. Mélangez dans un bol 1 cuil. à soupe de vinaigre de Xérès avec 3 cuil. à soupe d'huile d'olive, ajoutez le basilic, salez et poivrez. Versez dans un pot.

Conservation

Une fois que tous les plats sont prêts, laissez-les bien refroidir et suivez le petit récapitulatif ci-dessous pour placer au réfrigérateur ou au congélateur vos différentes préparations.

À placer au frais

- Les tomates farcies,
- Le riz, dans une boîte hermétique.
- Le gaspacho de melon, dans une bouteille fermée.
- Les sardines, dans une terrine filmée.
- La sauce tomate, dans un pot fermé.

À placer au congélateur

- Le gratin de courgette, dans le moule filmé.
- La pizza.
- La crème de fruits rouges glacée, dans une boîte hermétique.

Résultat Menu #2

 Menu #2

Lundi

Gaspacho de melon
Sardines fraîches marinées à l'huile d'olive et au citron avec baguette grillée et salade au basilic

Temps de préparation :
5 min

Coupez la baguette en tranches et faites-la griller dans un grille-pain. Servez avec la terrine de sardines.
Versez la vinaigrette au basilic dans un saladier et ajoutez la salade.
Versez le gaspacho dans des bols.

Mardi

Tomates farcies et riz blanc

Temps de préparation :
2 min
Temps de cuisson :
15 min

Préchauffez le four à 170 °C (th. 5-6). Versez le riz tout autour des tomates et réchauffez le tout en même temps pendant 15 à 20 min.

Mercredi

Orecchiette aux tomates fraîches, à l'ail et au basilic
Crème de fruits rouges glacée

Temps de préparation :
5 min
Temps de cuisson :
9 min

Faites cuire les pâtes *al dente*, environ 9 min ou selon les indications du paquet.
Versez la sauce froide de tomates et dégustez immédiatement.
Sortez la glace aux fruits rouges, laissez ramollir pendant le dîner et, avant de servir, passez-la au blender. Servez dans des coupes.

Jeudi

Gratin de courgettes (avec fond de riz) et jambon cru

Temps de préparation :
2 min
Temps de cuisson :
15 min

Préchauffez le four à 180 °C (th. 6) et enfournez pour 15 min. Ajoutez sur le dessus les tranches de jambon fumé et servez.

Vendredi

Pizza au chèvre frais et pousses d'épinards

Temps de préparation :
2 min
Temps de cuisson :
15 à 20 min

Préchauffez le four à 180 °C (th. 6) et enfournez la pizza congelée pendant 15 à 20 min. Parsemez de pousses d'épinards, ajoutez un filet d'huile d'olive et servez.

Menu #3

Courses Menu #3

Légumes / Fruits

- 6 aubergines
- 6 tomates
- 2 fenouils
- 1 petit concombre
- 1 botte d'aneth
- 1 botte de basilic
- 4 citrons
- 1 botte de thym
- 1 tranche de pastèque (800 g environ)
- 1 barquette de framboises

Viande / Poisson

- 16 tranches de chorizo extra fines chez le boucher
- 4 pavés de saumon

Crémerie

- 1 sachet de gruyère râpé
- 2 yaourts grecs
- 1 sachet de parmesan (50 g)
- 1 bloc de feta

Placard de base

- Huile d'olive
- Vinaigre
- Moutarde
- Cumin
- Sel
- Poivre
- Sucre

Épicerie

- 1 paquet de lentilles (500 g)
- 1 pâte brisée
- 1 sachet de pignons (40-50 g)
- 1 baguette
- 1 paquet de farfalle (500 g)

Lundi

Saumon cru mariné, houmous de lentilles et caviar d'aubergines

Mardi

Salade de fenouil à l'aneth
Tarte aux tomates et au thym

Mercredi

Lentilles à la feta, tomate, pastèque et pluches de fenouil
Granité de pastèque aux framboises

Jeudi

Aubergines à la suédoise avec du chorizo

Vendredi

Farfalle au pesto

Préparation Menu #3

Matériel à préparer

Pour une meilleure vue d'ensemble, sortez tous les ustensiles dont vous aurez besoin. Cela facilitera votre organisation et vous n'aurez pas besoin de chercher dans vos placards au cours des 2h de cuisine. Sortez également les ingrédients et épluchez tous les légumes. Voici les ustensiles dont vous aurez besoin :

- 1 plaque allant au four
- 1 moule à tarte
- 1 blender/mixeur
- 2 bols
- 1 mandoline
- 1 poêle
- 1 saladier
- Papier sulfurisé
- Papier d'aluminium
- Baguettes chinoises

C'est parti pour 2 h en cuisine !

1 Commencez par laver tous les légumes.

2 Préchauffez le four à 180 °C (th. 6).

3 Préparez les aubergines, pour le caviar et pour la cuisson à la suédoise. Garnissez de papier sulfurisé une plaque allant au four. Enveloppez 2 aubergines de papier d'aluminium et déposez-les sur la plaque. Coupez les 4 autres « à la suédoise », c'est-à-dire placez de chaque côté des aubergines des baguettes chinoises et tranchez-les régulièrement en arrêtant le couteau aux baguettes. Ajoutez du chorizo dans les fentes, 4 rondelles par aubergine, un filet d'huile d'olive, saupoudrez de thym frais, du sel et du poivre. Déposez sur la plaque et enfournez pour une petite heure. Laissez refroidir les aubergines au chorizo puis conservez-les dans une boîte au congélateur.

4 Préparez la tarte afin de l'enfourner à la fin de la cuisson des aubergines. Déroulez la pâte et déposez-la dans un moule à tarte. Badigeonnez le fond de moutarde puis parsemez de fromage râpé. Coupez les tomates en rondelles fines et déposez-les régulièrement sur la tarte. Parsemez de thym frais, poivrez et versez un filet d'huile d'olive. Enfournez pour 25 à 30 min, laissez refroidir, filmez et réservez au frais.

5 Préparez le houmous. Faites cuire les lentilles selon les indications du paquet. Égouttez-les et laissez refroidir. Mettez env. 300 g dans le blender et réservez le reste dans un bol. Ajoutez 1 jus de citron pressé, 1 cuil. à café de cumin en poudre,

Préparation Menu #3

4 cuil. à soupe d'huile d'olive, 1 yaourt grecs, salez et poivrez. Mixez en crème, ajoutez un peu d'eau si nécessaire. Goûtez et rectifiez l'assaisonnement. Versez dans une boîte et conservez au frais

6 **Préparez le saumon.** Ciselez la moitié de la botte d'aneth. Enlevez la peau du saumon d'un coup sec. Coupez en tranches épaisses et mettez le tout dans une boîte. Pressez et zestez un citron. Versez dans un bol, ajoutez 3 cuil. à soupe d'huile d'olive, salez et poivrez. Versez sur le saumon et ajoutez l'aneth. Mélangez, fermez la boîte et réservez au frais.

7 **Préparez le caviar.** Ôtez le papier d'aluminium, incisez les aubergines et mettez la pulpe dans le mixeur. Pressez un demi-citron et ajoutez-le. Versez 3 cuil. à soupe d'huile d'olive, salez et poivrez. Mixez et goûtez afin de rectifier l'assaisonnement si nécessaire. Versez dans une boîte et réservez au frais.

8 **Préparez la salade de fenouil.** Coupez les tiges et le vert des fenouils et gardez-les. Épluchez le fenouil et tranchez-le finement à la mandoline. Mettez-le dans une boîte. Pressez le jus du dernier citron et versez-le sur le fenouil. Ajoutez 2 cuil. à soupe d'huile d'olive, salez et poivrez. Mélangez bien. Ciselez le reste de l'aneth et ajoutez-le. Mélangez le tout, fermez la boîte et réservez au frais.

9 **Préparez le pesto.** Faites griller les pignons 2 min à sec dans une poêle (réservez-en 2 cuil. à soupe pour les pâtes). Mettez les feuilles de basilic dans le mixeur, ajoutez le parmesan, les pignons

cubes. Coupez le petit concombre en cubes. Coupez le haut des tiges et les pluches de fenouil en petits morceaux. Coupez la feta en cubes. Transvasez les lentilles restantes dans un saladier, ajoutez la tomate, le concombre et la feta. Ajoutez 4 cuil. à soupe d'huile d'olive et 1 cuil. à soupe de vinaigre. Salez et poivrez puis mélangez bien. Versez dans une boîte et réservez au frais. La pastèque s'ajoute à la dernière minute car elle ne reste plus croquante et surtout parfume trop si on l'incorpore tout de suite.

et 2 cuil. à soupe d'huile d'olive. Mixez et ajoutez au fur et à mesure l'huile d'olive jusqu'à ce que la consistance soit crémeuse. Versez dans un pot, ajoutez un filet d'huile d'olive sur le dessus et fermez bien.

10 Préparez la soupe de pastèque à la framboise. Pressez la moitié du citron restant. Coupez un peu plus des ¾ de la pastèque en morceaux et mettez dans le blender. Ajoutez le jus de citron, les framboises et 1 cuil. à soupe de sucre. Mixez bien, ajoutez un peu d'eau si c'est trop épais puis versez dans une boîte. Réservez au congélateur.

11 Préparez la salade de lentilles. Coupez en petits cubes le bout de pastèque restant. Réservez dans une boîte. Coupez la tomate restante en

Conservation

Une fois que tous les plats sont prêts, laissez-les bien refroidir et suivez le petit récapitulatif ci-dessous pour placer au réfrigérateur ou au congélateur vos différentes préparations.

À conserver au frais

* La tarte aux tomates, dans le plat filmé.
* Le caviar d'aubergines, dans une boîte hermétique.
* Le houmous, dans une boîte hermétique.
* Le saumon, dans une boîte hermétique.
* La salade de fenouil, dans une boîte hermétique.
* La salade de lentilles, dans une boîte hermétique.
* Le reste de pastèque, en cubes dans une boîte hermétique.

À conserver au congélateur

* Les aubergines à la suédoise, dans une boîte hermétique.
* La soupe de pastèque, dans une boîte hermétique.

Résultat Menu #3

Menu #3

Lundi

Saumon cru mariné, houmous de lentilles et caviar d'aubergines

Temps de préparation :
5 min

Disposez le saumon mariné sur un plat de service, le houmous et le caviar d'aubergines dans un bol. Servez avec la baguette coupée en rondelles.

Mardi

Salade de fenouil à l'aneth
Tarte aux tomates et au thym

Temps de préparation :
1 min
Temps de cuisson :
15 min ou pas de cuisson

Réchauffez ou non la tarte pendant 15 min à 180 °C (th. 6).
Mettez la salade de fenouil dans un saladier.

Mercredi

Lentilles à la feta, tomate, pastèque et pluches de fenouil
Granité de pastèque aux framboises

Temps de préparation :
5 min

En début de dîner, sortez du congélateur le mélange pastèque-framboises et mettez-le dans le blender. Versez les lentilles dans un saladier, ajoutez la pastèque. Mélangez et goûtez afin de rectifier l'assaisonnement si nécessaire. Pendant que les enfants débarrassent, mixez en granité la préparation pastèque-framboise et versez dans des coupes ou des bols.
Sortez les aubergines du congélateur et placez le plat au réfrigérateur.

Temps de cuisson :
15 min

Jeudi

Aubergines à la suédoise avec du chorizo

Préchauffez le four et enfournez les aubergines pour 15 min. Déposez sur un plat allant au four et dégustez immédiatement.

Vendredi

Farfalle au pesto

Temps de préparation :
5 min
Temps de cuisson :
9 min

Faites cuire les pâtes *al dente* selon les indications du paquet. Égouttez-les et versez-les dans un saladier. Ajoutez le pesto, mélangez bien et dégustez immédiatement.

Menu #4

Courses Menu #4

Légumes / Fruits

- 7 oignons rouges
- 6 poivrons rouges et jaunes
- 2 kg de courgettes
- 2 tomates
- 1 tête d'ail
- 1 citron
- 1 botte de coriandre
- 1 botte de basilic
- 1 botte de menthe

Placard de base

- Origan
- Thym
- Sauce soja
- Huile d'olive
- Sel
- Poivre

Viande / Poisson

- 4 tranches de jambon blanc
- 300 g de bœuf coupé en fines lanières
- 2 tranches de truite fumée

Crémerie

- 50 cl de crème fraîche
- 1 sachet de mozzarella râpée
- 300 g de chèvre frais
- 6 œufs
- 125 g de gruyère râpé

Épicerie

- 1 pot (700 g) de passata de tomates
- 1 paquet de feuilles de lasagnes (250 g)
- 1 pâte à pizza rectangulaire
- 1 petite boîte d'anchois à l'huile
- 1 pot d'olives noires
- 2 petits pains au lait

Lundi

Tagliatelles de courgettes crues au citron
Pissaladière

Mardi

Wok de bœuf aux poivrons et à la coriandre

Mercredi

Flan aux légumes d'été *al dente* et coulis de basilic

Jeudi

Toast à la truite fumée
Soupe froide de courgettes, chèvre et menthe

Vendredi

Lasagnes au jambon et à l'origan

Préparation Menu #4

Matériel à préparer

Pour une meilleure vue d'ensemble, sortez tous les ustensiles dont vous aurez besoin. Cela facilitera votre organisation et vous n'aurez pas besoin de chercher dans vos placards au cours des 2h de cuisine. Sortez également les ingrédients et épluchez tous les légumes. Voici les ustensiles dont vous aurez besoin :

* 1 mandoline ou 1 économe
* 1 plat à four
* 1 plaque de four
* 1 grand saladier
* 1 cuit-vapeur
* 1 blender
* 1 petit mixeur
* 1 poêle
* 1 wok
* 1 plat à gratin ou 1 moule à cake
* Papier film

C'est parti pour 2 h en cuisine !

1 Commencez par préparer tous les légumes. Lavez-les. Coupez les poivrons en deux, enlevez les pépins et détaillez-les en lamelles fines. Tranchez les bouts des courgettes. Râpez-en 2 en tagliatelles à l'aide d'une mandoline ou d'un économe. Réservez dans une boîte. Coupez-en 1 autre en petits cubes et réservez dans un bol. Coupez le reste en gros tronçons pour la soupe. Coupez les tomates en cubes, gardez le jus et réservez dans un bol. Épluchez les oignons et ciselez-les. Ciselez les herbes. Réservez la coriandre dans une boîte. Épluchez et hachez finement l'ail. Zestez puis pressez le jus de citron.

2 Préparez les lasagnes dans un plat à four pour 4 personnes. Préchauffez le four à 180 °C (th. 6). Versez dans un grand saladier 25 cl de crème fraîche, la passata de tomates et 3 cuil. à soupe d'origan. Poivrez et mélangez bien. Versez un peu de préparation dans le fond du plat, tapissez de feuilles de lasagnes puis ajoutez à nouveau de la préparation aux tomates. Couvrez avec du jambon et parsemez de mozzarella râpée. Renouvelez l'opération jusqu'à l'épuisement des ingrédients et terminez par de la mozzarella râpée. Enfournez pour 35 min. Laissez refroidir et congelez directement dans le plat filmé.

3 Préparez la soupe froide de courgettes. Mettez les tronçons de courgettes (env. 1,5 kg) dans le cuit-vapeur et faites-les cuire pendant

Préparation Menu #4

15 min. Laissez refroidir puis mettez-les dans le blender avec la menthe et le chèvre frais. Ajoutez 2 cuil. à soupe d'huile d'olive, salez et poivrez. Mixez en texture bien lisse, ajoutez un peu d'eau si nécessaire. Versez dans une bouteille et gardez au frais.

4 Préparez la pissaladière. Versez de l'huile dans une grande poêle et ajoutez la quantité de 5 oignons et de 3 gousses d'ail. Parsemez de thym et laissez cuire à feu doux en mélangeant régulièrement. Déroulez la pâte sur une plaque allant au four. Garnissez avec les oignons, ajoutez les anchois et les olives noires. Enfournez à la suite des lasagnes et faites cuire pendant 20 à 25 min. Laissez refroidir, filmez et conservez au frais.

5 Préparez le flan de légumes. Volontairement, je ne passe pas les légumes à la poêle avant car je trouve que c'est meilleur quand les légumes sont croquants. Cassez les œufs dans un saladier, ajoutez 25 cl de crème fraîche et fouettez bien. Ajoutez le fromage râpé et poivrez bien. Mélangez et ajoutez les cubes de tomates, 1 oignon rouge ciselé, la courgette coupée en cubes, le poivron et 1 pincée d'ail. Mélangez bien et versez dans un plat à gratin ou un moule à cake. Enfournez à la suite de la pissaladière et ajoutez un verre d'eau dans le fond du four ou déposez le plat ou moule dans un récipient d'eau afin que la préparation ne soit pas sèche. Laissez cuire pendant 45 min à 180 °C (th. 6). Laissez refroidir, filmez et réservez au frais.

6 **Préparez le coulis de basilic.** Mettez le basilic dans un petit mixeur, ajoutez 6 cuil. à soupe d'huile et mixez. Salez et poivrez et conservez dans un pot au frais.

7 **Préparez le wok de bœuf.** Versez de l'huile dans le fond d'un wok et faites revenir 1 oignon, les poivrons et le reste de l'ail pendant 5 à 8 min. Ajoutez les lamelles de bœuf et laissez cuire encore 5 bonnes min. Déglacez avec un filet de sauce soja, poivrez. Versez dans une boîte avec le jus et réservez au frais.

8 **Préparez la vinaigrette des tagliatelles de courgettes.** Émulsionnez le jus et les zestes de citron avec 3 cuil. à soupe d'huile d'olive. Salez et poivrez et versez sur les courgettes. Elles vont confire légèrement. Conservez au frais

Conservation

Une fois que tous les plats sont prêts, laissez-les bien refroidir et suivez le petit récapitulatif ci-dessous pour placer au réfrigérateur ou au congélateur vos différentes préparations.

À conserver au frais

* La soupe de courgette, dans une bouteille fermée hermétiquement.
* La pissaladière, filmée.
* Le flan de légumes, dans son plat filmé.
* Le coulis de basilic, dans un pot fermé hermétiquement.
* Le wok de bœuf, dans une boîte fermée hermétiquement.
* Les tagliatelles de courgettes, dans une boîte hermétique.

À conserver au congélateur

* Les lasagnes, dans le plat filmé.

Résultat Menu #4

Menu #4

Lundi

Tagliatelles de courgettes crues au citron
Pissaladière

Temps de préparation :
2 min
Temps de cuisson :
15 min

Préchauffez le four à 180 °C (h. 6) et réchauffez la pissaladière. Versez les tagliatelles de courgettes dans un saladier.

Mardi

Wok de bœuf aux poivrons et à la coriandre

Temps de préparation :
2min

Versez la préparation au bœuf dans un saladier, ajoutez la coriandre et mélangez bien. Rectifiez l'assaisonnement en sauce soja si nécessaire. Dégustez bien frais.
NB : Vous pouvez également réchauffer 4 min au wok la préparation et ajouter la coriandre à la fin.

Mercredi

Flan aux légumes d'été *al dente* et coulis de basilic

Temps de préparation :
2 min

Démoulez ou pas en fonction de votre moule le flan de légumes et ajoutez le coulis de basilic sur le dessus. Dégustez immédiatement.

Temps de préparation :
5 min

Jeudi

Toast à la truite fumée
Soupe froide de courgettes, chèvre et menthe

Coupez les petits pains au lait en deux et passez-les 2 min dans le grille-pain. Coupez les tranches de truite en deux et déposez-les sur le pain. Versez la soupe froide dans des bols.

Vendredi

Lasagnes au jambon et à l'origan

Temps de cuisson :
15 à 20 min

Préchauffez le four à 180 °C (th. 6). Mettez du papier d'aluminium sur le dessus et enfournez pour 15 min, enlevez le papier et laissez encore cuire 5 min.

Automne

Menu #1

Courses Menu #1

Légumes / Fruits

- 5 poireaux
- 8 pommes de terre
- 1 botte de carottes
- 4 petites poires
- 1 botte de ciboulette
- 1 citron
- 1 sachet de mesclun

Placard de base

- 1 bouquet garni
- Sucre
- Vanille
- Cumin
- Vinaigre
- Moutarde
- Huile d'olive
- Sel
- Poivre
- 1 paquet de biscuits

Viande / Poisson

- 4 tranches de lard
- 2 dos de saumon
- 600 g épigramme d'agneau

Crémerie

- 150 g de crème fraîche épaisse
- 6 œufs
- 120 g de gruyère râpé

Épicerie

- 1 pâte feuilletée
- 1 paquet de spaghetti (500 g)

Lundi

Poireaux vinaigrette
Omelette aux pommes de terre et ciboulette

Mardi

Quiche aux fanes de carotte et mesclun

Mercredi

Spaghetti saumon mariné à la ciboulette

Jeudi

Velouté de légumes à la crème et lard grillé
Poires pochées au sucre et à la vanille

Vendredi

Épigramme d'agneau au cumin et purée de carottes et de pommes de terre

Préparation Menu #1

Matériel à préparer

Pour une meilleure vue d'ensemble, sortez tous les ustensiles dont vous aurez besoin. Cela facilitera votre organisation et vous n'aurez pas besoin de chercher dans vos placards au cours des 2h de cuisine. Sortez également les ingrédients et épluchez tous les légumes. Voici les ustensiles dont vous aurez besoin :

* 1 économe
* 1 cuit-vapeur
* 1 cocotte
* 2 casseroles
* 1 mixeur
* 1 presse-purée
* 1 moule à tarte
* 1 saladier
* 1 fouet
* 1 poêle

<u>C'est parti pour 2 h en cuisine !</u>

<u>1</u> **Commencez par préparer tous les légumes**. Coupez le vert des poireaux puis incisez les blancs et lavez-les sous l'eau claire. Frottez les pommes de terre et les carottes. Épluchez 3 pommes de terre et toutes les carottes. Triez et lavez les fanes puis ciselez-les. Ciselez la ciboulette.

<u>2</u> **Préparez les poireaux.** Faites cuire 4 poireaux dans le cuit-vapeur pendant 15 min. Laissez refroidir et conservez-les au frais dans une boîte.

<u>3</u> **Préparez les pommes de terre pour l'omelette**. Mettez 4 pommes de terre non épluchées dans une casserole d'eau bouillante et faites cuire pendant 20 à 25 min, piquez-les pour vérifier la cuisson. Laissez refroidir puis épluchez-les. Mettez-les dans une boîte et ajoutez 2 cuil. à soupe de ciboulette ciselée. Conservez au frais.

<u>4</u> **Préparez le velouté.** Mettez la moitié de la botte de carottes dans une cocotte, ajoutez 1 pomme de terre épluchée, le dernier poireau et la moitié des carottes. Déposez le bouquet garni, salez et poivrez. Couvrez d'eau à hauteur. Fermez et laissez cuire 25 à 30 min. Laissez refroidir, ajoutez 25 g crème fraîche, mixez en velouté. Versez dans une bouteille et réservez au frais.

<u>5</u> **Préparez la purée de carottes et de pommes de terre.** Mettez les carottes et pommes de terre restantes dans une casserole. Couvrez à hauteur d'eau, salez et poivrez et laissez cuire 20 min. Écrasez au presse-purée, ajoutez 2 cuil. à soupe

Préparation Menu #1

d'huile d'olive et salez et poivrez à nouveau. Laissez refroidir, versez dans une boîte et mettez au congélateur.

6 **Préparez la quiche**. Préchauffez le four à 180 °C (th. 6). Déroulez la pâte à tarte dans un moule. Versez dans un saladier la crème restante et cassez 2 œufs. Battez au fouet, ajoutez le fromage râpé, les fanes ciselées et poivrez bien. Versez sur la pâte et enfournez pour 25 à 30 min. Laissez refroidir, filmez et réservez au frais.

7 **Faites griller à sec dans une poêle les tranches de lard.** Laissez refroidir sur du papier absorbant et conservez au frais dans une boîte.

8 **Préparez les poires pochées.** Versez 1 l d'eau dans une casserole, ajoutez 250 g de sucre et une pincée de vanille. Portez à ébullition. Épluchez les poires en gardant la queue. Déposez-les délicatement dans la casserole et laissez frémir pendant 15 à 20 min, en les tournant régulièrement si elles dépassent du sirop. Laissez refroidir, mettez les poires dans une boîte et versez le sirop. Conservez au frais.

9 **Préparez le saumon mariné.** Coupez le saumon en petits cubes. Zestez et pressez le jus du citron. Mettez le saumon dans une boîte en verre. Ajoutez les zestes et le jus de citron puis versez 2 cuil. à soupe d'huile d'olive, la ciboulette restante, salez et poivrez. Mélangez, fermez la boîte et réservez au frais.

10 **Préparez l'épigramme d'agneau.** Badigeonnez l'épigramme d'agneau avec de l'huile d'olive puis assaisonnez-le de cumin,

de sel et de poivre. Filmez et mettez-le au congélateur.

11 Préparez la vinaigrette pour les poireaux et la salade de mesclun. Dans un bol, émulsionnez 2 cuil. à soupe de moutarde avec 3 cuil. à soupe de vinaigre et 6 cuil. à soupe d'huile. Salez et poivrez, versez dans un pot et conservez au frais.

Conservation

Une fois que tous les plats sont prêts, laissez-les bien refroidir et suivez le petit récapitulatif ci-dessous pour placer au réfrigérateur ou au congélateur vos différentes préparations.

À conserver au frais

* Les poireaux, dans une boîte hermétique.
* Les pommes de terre pour l'omelette, dans une boîte hermétique.
* Le velouté, dans une bouteille fermée hermétiquement.
* La quiche, dans son plat filmé.
* Les poires pochées, dans une boîte fermée hermétiquement.
* Le lard, dans une boîte hermétique.
* Le saumon mariné, dans une boîte en verre hermétique.
* La vinaigrette, dans un pot fermé hermétiquement.

À conserver au congélateur

* La purée, dans une boîté fermée hermétiquement.
L'agneau, filmé.

Résultat Menu #1

Menu #1

Lundi

Poireaux vinaigrette Omelette aux pommes de terre et ciboulette

Temps de préparation : 5 min
Temps de cuisson : 8 min

Versez de l'huile d'olive dans une poêle et ajoutez les pommes de terre à la ciboulette. Laissez cuire 3 min et retournez-les. Cassez 4 œufs dans un bol, ajoutez 1 cuil. à soupe d'eau et fouettez à la fourchette, versez sur les pommes de terre, laissez cuire 5 min ou moins si vous aimez baveux. Dressez les poireaux sur un plat et versez un peu de vinaigrette.

Mardi

Quiche aux fanes de carotte et mesclun

Temps de préparation : 2 min
Temps de cuisson : 15 min

Préchauffez le four à 180 °C (th. 6) et enfournez la quiche pour 15 min. Versez la vinaigrette dans un saladier et ajoutez le mesclun.

Mercredi

Spaghetti saumon mariné à la ciboulette

Temps de cuisson : 8 min

Faites bouillir de l'eau dans une grande casserole avec 1 pincée de gros sel et faites cuire les pâtes *al dente*. Égouttez et versez dans un saladier. Ajoutez le saumon mariné, mélangez et servez immédiatement.

Temps de préparation :
5 min
Temps de cuisson :
10 min

Jeudi

Velouté de légumes à la crème et lard grillé Poires pochées au sucre et à la vanille

Versez le velouté dans une casserole et réchauffez à feu doux pendant 10 min. Versez dans des bols et ajoutez les tranches de lard grillées. Mettez les poires dans un compotier.
Sortez la purée et la viande du congélateur et mettez-les au réfrigérateur.

Vendredi

Épigramme d'agneau au cumin et purée de carottes et de pommes de terre

Temps de préparation :
5 min
Temps de cuisson :
10 min

Mettez la purée dans une casserole et réchauffez à feu doux en mélangeant.
Versez de l'huile dans une poêle et faites cuire l'épigramme pendant 3 à 4 min de chaque côté. Coupez en tranches et servez avec la purée.

Menu #2

Courses Menu #2

Légumes / Fruits

- ⁕ 7 endives
- ⁕ 1 potimarron
- ⁕ 1 radis noir
- ⁕ 5 oignons
- ⁕ 4 champignons
- ⁕ 1 botte de coriandre
- ⁕ 4 figues
- ⁕ 6 noix fraîches

Placard de base

- ⁕ Curry
- ⁕ Cannelle
- ⁕ Farine
- ⁕ Muscade
- ⁕ Sauce soja
- ⁕ Vinaigre
- ⁕ Miel
- ⁕ Huile d'olive
- ⁕ Sel
- ⁕ Poivre

Viande / Poisson

- ⁕ 4 tranches de jambon blanc
- ⁕ 1 barquette de lardons
- ⁕ 2 steaks de bœuf

Crémerie

- ⁕ 120 g de beurre
- ⁕ 50 cl de lait
- ⁕ 250 g de gruyère râpé
- ⁕ 50 cl de crème épaisse
- ⁕ 1 tranche de roquefort

Épicerie

- ⁕ 1 boîte de lait de coco
- ⁕ 1 baguette
- ⁕ 1 paquet de farfalle (500 g)

Lundi

Baguette « tarte flambée » et salade d'endives

Mardi

Velouté de potimarron au lait de coco, curry et coriandre
Figues rôties à la cannelle

Mercredi

Radis noir au beurre et sel
Bœuf sauté aux oignons et champignons parsemé de coriandre

Jeudi

Farfalle crème de roquefort et noix

Vendredi

Endives au jambon

Préparation Menu #2

Matériel à préparer

Pour une meilleure vue d'ensemble, sortez tous les ustensiles dont vous aurez besoin. Cela facilitera votre organisation et vous n'aurez pas besoin de chercher dans vos placards au cours des 2h de cuisine. Sortez également les ingrédients et épluchez tous les légumes. Voici les ustensiles dont vous aurez besoin :

* 1 économe
* 2 casseroles
* 1 mixeur
* 2 plats à four
* 1 cuit-vapeur
* 1 poêle
* 1 bol
* 1 plat à gratin
* 1 wok

C'est parti pour 2 h en cuisine !

1 Commencez par préparer les légumes. Lavez et coupez le tronc des endives. Lavez le potimarron, enlevez les yeux et coupez-le en deux. Enlevez les graines et coupez-le en gros morceaux. Épluchez le radis noir et coupez-le en lamelles. Rangez les lamelles bien serrées dans une petite boîte et réservez au frais. Épluchez et ciselez les oignons. Épluchez et coupez les champignons en lamelles. Ciselez la coriandre et mettez-la dans une boîte, conservez au frais. Lavez les figues et incisez-les en croix sur le dessus.

2 Préparez le velouté de potimarron. Mettez la chair de potimarron dans une casserole, versez la boîte de lait de coco et ajoutez 1 boîte et demie d'eau. Salez et poivrez et ajoutez 1 cuil. à café de curry. Mélangez, couvrez et laissez mijoter 15 à 20 min. Mixez, laissez refroidir et versez dans une bouteille. Conservez au frais.

3 Préparez les figues. Préchauffez le four à 180 °C (th. 6). Déposez les figues dans un plat allant au four. Ajoutez une petite cuillère à café dans le creux de chaque figue et saupoudrez de cannelle. Enfournez pour 15 min. Laissez refroidir, filmez et réservez au frais.

4 Préparez les endives. Faites cuire à la vapeur 4 endives pendant 20 min. Laissez refroidir. Enveloppez-les dans 1 tranche de jambon et déposez-les dans un plat allant au four. Préparez une béchamel. Faites fondre 80 g de beurre dans une casserole, ajoutez 1 bonne cuil. à soupe de

Préparation Menu #2

farine et du lait en fouettant bien. Laissez épaissir tout en fouettant pour éviter les grumeaux. Poivrez, ajoutez 1 pincée de muscade et 100 g de fromage râpé. Mélangez, laissez refroidir légèrement, versez sur les endives. Saupoudrez des 50 g de fromage restant. Filmez et mettez au congélateur.

5 **Préparez la garniture à tarte flambée.** Faites fondre les lardons dans une poêle et ajoutez 2 oignons ciselés. Laissez cuire à feu doux pendant 5 à 8 min en mélangeant régulièrement. Laissez refroidir puis versez dans un bol. Ajoutez 25 cl de crème épaisse, 1 pincée de muscade et mélangez bien. Coupez la baguette en deux dans le sens de la longueur puis en deux dans le sens de la largeur. Déposez dans un plat à gratin. Tartinez de garniture et saupoudrez de fromage restant. Poivrez bien. Filmez et conservez au frais.

6 **Préparez la sauce au roquefort.** Versez le reste de crème dans une casserole et émiettez le roquefort. Poivrez et faites fondre à feu doux. Versez dans un pot et réservez au frais.

7 **Préparez le bœuf.** Coupez les steaks en tranches fines. Versez de l'huile dans un wok et faites-y revenir 3 oignons à feu doux pendant 5 min puis ajoutez les champignons et les lamelles de bœuf. Laissez cuire 3 min en mélangeant puis déglacez avec un filet de sauce soja. Poivrez et versez dans une boîte. Laissez refroidir et conservez au frais.

8 Préparez la salade d'endives. Coupez les 3 endives en rondelles et mettez-les dans un sachet et au frais.

9 Préparez la vinaigrette. Émulsionnez 1 cuil à café de miel avec 1 cuil. à soupe de vinaigre et 2 cuil. à soupe d'huile d'olive. Salez et poivrez, versez dans un pot et conservez au frais. Décortiquez les noix et conservez-les dans une petite boîte.

Conservation

Une fois que tous les plats sont prêts, laissez-les bien refroidir et suivez le petit récapitulatif ci-dessous pour placer au réfrigérateur ou au congélateur vos différentes préparations.

À conserver au frais

- Le radis noir, dans une boîte hermétique.
- La coriandre, dans une boîte hermétique.
- Le velouté de potimarron, dans une bouteille fermée hermétiquement
- Les figues rôties, dans le plat filmé.
- Les baguettes « tarte flambée », dans le plat filmé.
- La sauce au roquefort, dans un pot fermé hermétiquement.
- Le bœuf, dans une boîte hermétique.
- Les endives, dans un sachet fermé hermétiquement.
- La vinaigrette, dans un pot fermé hermétiquement.

À conserver au congélateur

- Les endives au jambon, dans leur plat filmé.

Résultat Menu #2

Menu #2

Lundi

Baguette « tarte flambée » et salade d'endives

Temps de préparation : 2 min
Temps de cuisson : 15 min

Préchauffez le four à 180 °C (th. 6) et enfournez les baguettes pour 15 min. Versez la vinaigrette dans un saladier et ajoutez les endives.

Mardi

Velouté de potimarron au lait de coco, curry et coriandre
Figues rôties à la cannelle

Temps de préparation : 2 min
Temps de cuisson : 10 min

Versez la soupe de potimarron dans une casserole et laissez réchauffer à feu doux pendant 10 min. Goûtez et rectifiez l'assaisonnement si nécessaire. Versez dans des bols et parsemez de coriandre fraîche.
Préchauffez le four à 180 °C (th. 6) et réchauffez les figues pendant le dîner.

Mercredi

Radis noir au beurre et sel
Bœuf sauté aux oignons et champignons parsemé de coriandre

Temps de préparation : 5 min
Temps de cuisson : 8 min

Réchauffez le bœuf dans un wok et servez-le avec le reste de coriandre.
Disposez les tranches de radis sur une assiette ainsi que le beurre et le sel.

Jeudi

Farfalle crème de roquefort et noix

Temps de préparation :
2 min
Temps de cuisson :
12 min

Faites cuire les farfalle *al dente* dans une grande casserole d'eau salée. Égouttez-les, versez à nouveau dans la casserole et ajoutez la sauce. Laissez réchauffer 3 à 4 min puis versez dans un plat, ajoutez les noix et servez immédiatement.
Sortez les endives du congélateur et mettez-les dans le réfrigérateur.

Vendredi

Endives au jambon

Temps de cuisson :
15 à 20 min

Préchauffez le four à 180 °C (th. 6) et enfournez les endives pendant 15 à 20 min.

Menu #3

Courses Menu #3

Légumes / Fruits

* 1 butternut
* 8 carottes
* 3 champignons de Paris
* 1 pomme de terre
* 4 oignons
* 1 pousse de gingembre
* 1 botte de persil
* 4 oranges
* 1 bouquet garni
* 1 salade de mâche

Viande / Poisson

* 800 g de joue de porc
* 2 tranches de jambon

Crémerie

* 6 œufs
* 150 g fromage râpé
* 30 cl crème liquide
* 1 morceau de parmesan

Placard de base

* Muscade
* Cannelle
* Ail en poudre
* Vinaigre doux
* Huile d'olive
* Sel
* Poivre
* Farine

Épicerie

* Mélange de 3 riz (500 g)
* 1 paquet de coquillettes (400 g)
* 50 cl de vin blanc
* 1 petite boîte de concentré de tomates
* 50 g de pignons
* 1 sachet de gelée au Madère

Lundi

Butternut farcie au riz sauvage, persil et pignons grillés

Mardi

Joues de porc à l'orange et aux carottes
Riz

Mercredi

Gratin de coquillettes au fromage
Carpaccio d'orange à la cannelle

Jeudi

Œuf au jambon en gelée
Velouté de carottes aux épices

Vendredi

Croqettes de riz sauvage aux champignons, persil, parmesan et salade de mâche

Préparation Menu #3

Matériel à préparer

Pour une meilleure vue d'ensemble, sortez tous les ustensiles dont vous aurez besoin. Cela facilitera votre organisation et vous n'aurez pas besoin de chercher dans vos placards au cours des 2h de cuisine. Sortez également les ingrédients et épluchez tous les légumes. Voici les ustensiles dont vous aurez besoin :

* 1 économe
* 5 casseroles (3 grandes et 2 moyennes)
* 1 cuit-vapeur
* 1 assiette
* 1 cocotte
* 1 plat à gratin
* 1 bol
* 1 mixeur
* 4 ramequins
* 1 saladier
* Papier d'aluminium

C'est parti pour 2 h en cuisine !

1 Commencez par préparer tous les légumes. Coupez la butternut en deux et enlevez les graines du centre à l'aide d'une cuillère à soupe. Épluchez les carottes et coupez-en 4 en biseaux pour les joues de porc et le reste en rondelles pour le velouté. Épluchez et hachez les champignons de Paris. Épluchez la pomme de terre et coupez-la en 4. Épluchez et ciselez les oignons. Épluchez et hachez le gingembre. Ciselez le persil. Zestez 2 oranges et pressez le jus. Faites cuire les demi-butternut 10 min au cuit-vapeur

2 Faites chauffer 2 casseroles d'eau salée et faites cuire le riz et les coquillettes selon les indications des paquets. Égouttez et réservez.

3 Faites cuire 4 œufs pendant 4 min dans de l'eau bouillante. Passez sous l'eau froide et réservez.

4 Préparez les joues de porc à l'orange. Versez de l'huile d'olive dans une cocotte et faites-y dorer de tous les côtés les joues de porc. Réservez-les sur une assiette. Ajoutez un filet d'huile dans la cocotte puis les oignons et les carottes. Faites-les revenir pendant 5 min en remuant régulièrement. Ajoutez 1 cuil. à soupe d'ail en poudre, les ¾ du gingembre et les zestes d'orange puis mélangez bien. Laissez cuire 1 min. Déglacez avec le jus d'orange, décollez les sucs dans le fond, versez le vin blanc, ajoutez les joues de porc, le concentré de tomates et le bouquet garni. Mélangez le tout, salez, poivrez, couvrez et laissez cuire à petit bouillon pendant 1 bonne

Préparation Menu #3

heure. Laissez refroidir à température ambiante et réservez au frais.

5 **Faites cuire la butternut.** Préchauffez le four à 180 °C (th. 6). Versez 8 bonnes cuil. à soupe de riz dans un bol, ajoutez 3 cuil. à soupe de persil et la moitié du sachet de pignons. Salez, poivrez et ajoutez un filet d'huile d'olive. Mélangez et farcissez la butternut en tassant bien. Enrobez les deux moitiés de papier aluminium en serrant bien, enfournez pour 35 min. Enlevez le papier d'aluminium, ajoutez le reste des pignons et enfournez pour 10 min. Laissez refroidir et conservez dans des boîtes au frais.

6 **Préparez le gratin de coquillettes.** Mettez les coquillettes dans un grand plat à gratin. Versez la crème, ajoutez le fromage et poivrez bien. Mélangez et enfournez pour 15 min à la suite de la butternut. Laissez refroidir, filmez et réservez au frais.

7 **Préparez le velouté.** Mettez dans une grande casserole les rondelles de carotte, la pomme de terre, 1 pincée de muscade, de gingembre et de cannelle. Salez et poivrez. Couvrez d'eau et laissez cuire à couvert pendant 20 min. Mixez, goûtez et rectifiez l'assaisonnement si nécessaire. Versez dans une bouteille et réservez au frais.

8 **Préparez les œufs en gelée.** Versez 50 cl d'eau dans une casserole et portez à ébullition. Versez le sachet de gelée au Madère et fouettez pour éviter les grumeaux. Laissez cuire 1 min. Versez un fond de gelée dans 4 ramequins. Écalez les œufs. Coupez les tranches de jambon

en deux. Ôtez le gras si nécessaire. Déposez l'œuf au centre, enroulez-le d'une tranche de jambon et versez de la gelée jusqu'aux ¾. Ajoutez 1 pincée de persil et couvrez bien le tout de gelée. Laissez refroidir, filmez et laissez prendre au frais.

9 Préparez les croquettes de riz. Placez la moitié du riz restant dans une boîte au frais. Versez le reste dans un saladier, ajoutez les champignons, 80 g de farine, le persil, des copeaux épais de parmesan et poivrez bien. Mélangez et formez des galettes dans la paume de vos mains. Versez de l'huile dans une poêle et faites cuire les galettes 3 min de chaque côté. Déposez sur du papier essuie-tout, laissez refroidir puis mettez-les dans une boîte et congelez.

Conservation

Une fois que tous les plats sont prêts, laissez-les bien refroidir et suivez le petit récapitulatif ci-dessous pour placer au réfrigérateur ou au congélateur vos différentes préparations.

À conserver au frais

- Les joues de porc, dans la cocotte fermée.
- La butternut farcie, dans une boîte hermétique.
- Le gratin de coquillettes, dans son plat filmé.
- Le velouté de carottes, dans une bouteille fermée hermétiquement.
- Les œufs en gelée, dans les ramequins filmés.
- Le riz dans une boîte hermétique.

À conserver au congélateur

- Les croquettes de riz, dans une boîte hermétique.

Résultat Menu #3

Menu #3

Lundi

Butternut farcie au riz sauvage, persil et pignons grillés

Temps de cuisson :
15 min

Préchauffez le four à 180 °C (th. 6) et enfournez la butternut pendant 15 min.

Mardi

Joues de porc à l'orange et aux carottes
Riz

Temps de cuisson :
15 min

Réchauffez à feu moyen les joues de porc à l'orange dans la cocotte ainsi que le riz au micro-ondes.

Mercredi

Gratin de coquillettes au fromage
Carpaccio d'orange à la cannelle

Temps de préparation :
5 min
Temps de cuisson :
15 min

Préchauffez le four à 180 °C (th. 6) et enfournez le gratin pour 15 min. Pendant ce temps, pelez à vif les oranges. Tranchez-les en rondelles fines. Déposez-les en ronds sur un plat, saupoudrez de cannelle.

Jeudi

Œuf au jambon en gelée
Velouté de carottes aux épices

Temps de préparation : 5 min
Temps de cuisson : 10 min

Réchauffez le velouté à feu doux dans une casserole.
Passez le fond des ramequins sous l'eau chaude puis décollez les bords en passant un couteau. Démoulez sur les assiettes.
Sortez les croquettes de riz du congélateur.

Vendredi

Croquettes de riz sauvage aux champignons, persil, parmesan et salade de mâche

Temps de préparation : 5 min
Temps de cuisson : 6 min

Versez un filet d'huile dans une grande poêle et réchauffez à feu doux les croquettes de riz.
Déposez un lit de mâche dans les assiettes et ajoutez les croquettes. Versez un filet d'huile et de vinaigre, poivrez bien.

Menu #4

Courses Menu #4

Légumes / Fruits

- 1 brocoli
- 1 botte de blettes
- 1 petit chou rouge
- 2 pommes
- 2 oignons
- 2 pamplemousses
- 1 citron jaune

Viande / Poisson

- 800 g de bœuf haché
- 1 barquette de lardons fumés

Crémerie

- 4 œufs
- 50 cl de crème fleurette
- 1 sachet de gruyère râpé (100 g)
- 1 sachet de parmesan (60 g)
- 1 sachet de cheddar râpé (100 g)

Placard de base

- Ail
- Tabasco
- Paprika
- Muscade
- Huile d'olive
- Vinaigre
- Moutarde
- Sel
- Poivre
- 1 paquet de biscuits

Épicerie

- 1 boîte ou bocal de châtaignes
- 2 boîtes de concentré de tomates
- 2 boîtes de haricots rouges (2 x 280 g)
- 1 pâte brisée
- 1 paquet de lentilles blondes (env. 300 g)
- 1 paquet de pâtes « papillon »

Lundi

Chou rouge aux pommes, châtaignes et lardons fumés
Pamplemousse chaud au sucre

Mardi

Chili con carne

Mercredi

Côtes de blettes en salade
Quiche lorraine

Jeudi

Soupe de lentilles libanaise

Vendredi

Pâtes « papillon » à la crème de brocoli et parmesan

Préparation Menu #4

Matériel à préparer

Pour une meilleure vue d'ensemble, sortez tous les ustensiles dont vous aurez besoin. Cela facilitera votre organisation et vous n'aurez pas besoin de chercher dans vos placards au cours des 2h de cuisine. Sortez également les ingrédients et épluchez tous les légumes. Voici les ustensiles dont vous aurez besoin :

* 1 cocotte
* 1 cuit-vapeur
* 1 faitout
* 1 moule à tarte
* 1 casserole
* 1 blender

C'est parti pour 2 h en cuisine !

1 Commencez par préparer les légumes. Épluchez et coupez le brocoli en petits bouquets. Lavez les blettes, coupez les feuilles en grosses lanières et les côtes en tronçons. Lavez le chou et tranchez-le en 8. Épluchez les pommes et coupez-les en 4. Épluchez et ciselez les oignons.

2 Préparez le chou rouge pour ne pas que les pommes s'oxydent. Mettez un fond d'huile dans une cocotte et faites revenir la moitié des lardons pendant 3 à 4 min. Ajoutez le chou et les pommes, 1 filet de vinaigre et 1 petit verre d'eau. Fermez la cocotte et laissez cuire 20 à 25 min. Ajoutez ensuite les châtaignes puis laissez refroidir et conservez au frais dans une boîte.

3 Préparez les côtes de blettes. Faites cuire les côtes de blettes pendant 10 min à la vapeur. Réservez au frais dans une boîte.

4 Préparez le chili. Versez de l'huile d'olive dans un faitout et faites revenir les oignons pendant 5 min. Ajoutez 1 cuil. à soupe d'ail et la viande hachée. Mélangez et faites cuire 5 min en remuant régulièrement. Ajoutez les boîtes de concentré de tomates, quelques gouttes de Tabasco et 1 cuil. à soupe de paprika. Salez, couvrez le faitout et faites cuire pendant 20 min en mélangeant régulièrement, versez un peu d'eau si nécessaire. Ajoutez ensuite les haricots rouges et mettez le tout dans une boîte. Conservez au frais.

Préparation Menu #4

5 **Préparez la quiche.** Préchauffez le four à 180 °C (th. 6). Déroulez la pâte dans un moule à tarte. Ajoutez les lardons restants. Cassez 4 œufs dans un bol, ajoutez 25 cl de crème, 2 cuil. à soupe d'eau et fouettez bien. Poivrez bien puis ajoutez le gruyère râpé et 1 pincée de noix muscade. Versez sur la pâte et enfournez pour 25 min. Laissez refroidir, filmez puis gardez au frais.

6 **Faites ensuite cuire les brocolis pendant 10 min à la vapeur.** Laissez refroidir.

7 **Préparez la soupe de lentilles.** Lavez les lentilles sous l'eau. Faites revenir le vert des blettes dans une grande casserole avec un peu d'huile d'olive. Ajoutez les lentilles, mélangez et couvrez bien d'eau. Laissez cuire 20 à 25 min en ajoutant de l'eau si nécessaire. Les lentilles doivent être toujours recouvertes d'environ 3 cm d'eau. Laissez refroidir et conservez dans une bouteille ou un récipient. Il n'est pas utile de mixer cette préparation sauf si vous aimez les textures lisses.

8 **Préparez la crème de brocoli.** Mettez les brocolis dans le blender. Versez la crème restante, le parmesan et poivrez bien. Mixez puis versez dans une boîte et conservez au congélateur.

9 **Préparez les pamplemousses.** Coupez les pamplemousses en deux, passez un couteau le long des bords et entre les quartiers puis saupoudrez bien de sucre. Déposez dans un plat

et enfournez pour 5 min à la suite de la quiche. Laissez refroidir, filmez et placez au frais.

10 **Enfin préparez la vinaigrette pour les côtes de blettes.** Émulsionnez 1 cuil. à café de moutarde avec 1 cuil. à soupe de vinaigre et 2 cuil. à soupe d'huile d'olive. Ajoutez 1 pincée d'ail, du sel et du poivre. Versez dans un pot et conservez au frais.

Conservation

Une fois que tous les plats sont prêts, laissez-les bien refroidir et suivez le petit récapitulatif ci-dessous pour placer au réfrigérateur ou au congélateur vos différentes préparations.

À conserver au frais

* Le chou rouge, dans une boîte hermétique.
* Les blettes, dans une boîte hermétique.
* Le chili con carne, dans une boîte hermétique.
* La quiche, dans son moule filmé.
* La soupe de lentilles, dans une bouteille ou un récipient fermé hermétiquement.
* Les pamplemousses, dans le plat filmé.
* La vinaigrette, dans un pot fermé hermétiquement.

À conserver au congélateur

* La crème de brocoli, dans une boîte hermétique.

Résultat Menu #4

Menu #4

Lundi

Chou rouge aux pommes, châtaignes et lardons fumés
Pamplemousse chaud au sucre

Temps de préparation :
4 min
Temps de cuisson :
10 min

Réchauffez le chou rouge pendant 10 min à feu doux dans une cocotte. Rectifiez l'assaisonnement.
Passez les pamplemousses sous le gril du four pendant 5 min.

Mardi

Chili con carne

Temps de cuisson :
10 min

Réchauffez le chili dans un faitout et servez-le avec du cheddar râpé.

Mercredi

Côtes de blettes en salade
Quiche lorraine

Temps de préparation :
3 min
Temps de cuisson :
15 min

Réchauffez la quiche au four à 180 °C (th. 6) pendant 15 min.
Versez les côtes de blettes dans un saladier et ajoutez la vinaigrette. Mélangez et servez en entrée.

Jeudi

Soupe de lentilles libanaise

Temps de préparation :
10 min
Temps de réchauffage :
3 min

Réchauffez la soupe dans une casserole. Zestez puis pressez le jus du citron. Versez la soupe dans des bols et ajoutez un filet de jus de citron et des zestes. Dégustez bien chaud.
Sortez la crème de brocoli du congélateur.

Vendredi

Pâtes « papillon » à la crème de brocoli et parmesan

Temps de préparation :
5 min
Temps de cuisson :
8 min

Faites cuire les pâtes *al dente* dans une grande casserole d'eau et faites réchauffer en même temps la crème de brocoli à feu doux. Égouttez et versez les pâtes dans un grand plat, ajoutez la sauce, mélangez et servez immédiatement.

Hiver

Menu #1

Courses Menu #1

Courses Menu #1

Légumes / Fruits

- 2 oignons
- 4 petites patates douces
- 1 gros fenouil
- 2 pommes de terre
- 1 panais
- 2 carottes
- 1 céleri
- 1 poireau
- 1 orange
- 1 mesclun

Viande / Poisson

- 800 g de sauté de veau coupé en morceaux
- 8 tranches de bacon

Crémerie

- 10 œufs
- 150 de fromage blanc
- 200 g de bleu (de Bresse ou autre)
- 1 sachet de parmesan ou pecorino (50 g)

Placard de base

- 2 feuilles de laurier
- Ras-el-hanout
- Cannelle
- Miel
- Thym
- Thé
- Huile
- Vinaigre
- Sel
- Poivre
- 1 paquet de biscuits

Épicerie

- 1 paquet de spaghetti (300 g)
- 250 g de pruneaux
- 1 pâte brisée
- 60 g d'amandes émondées

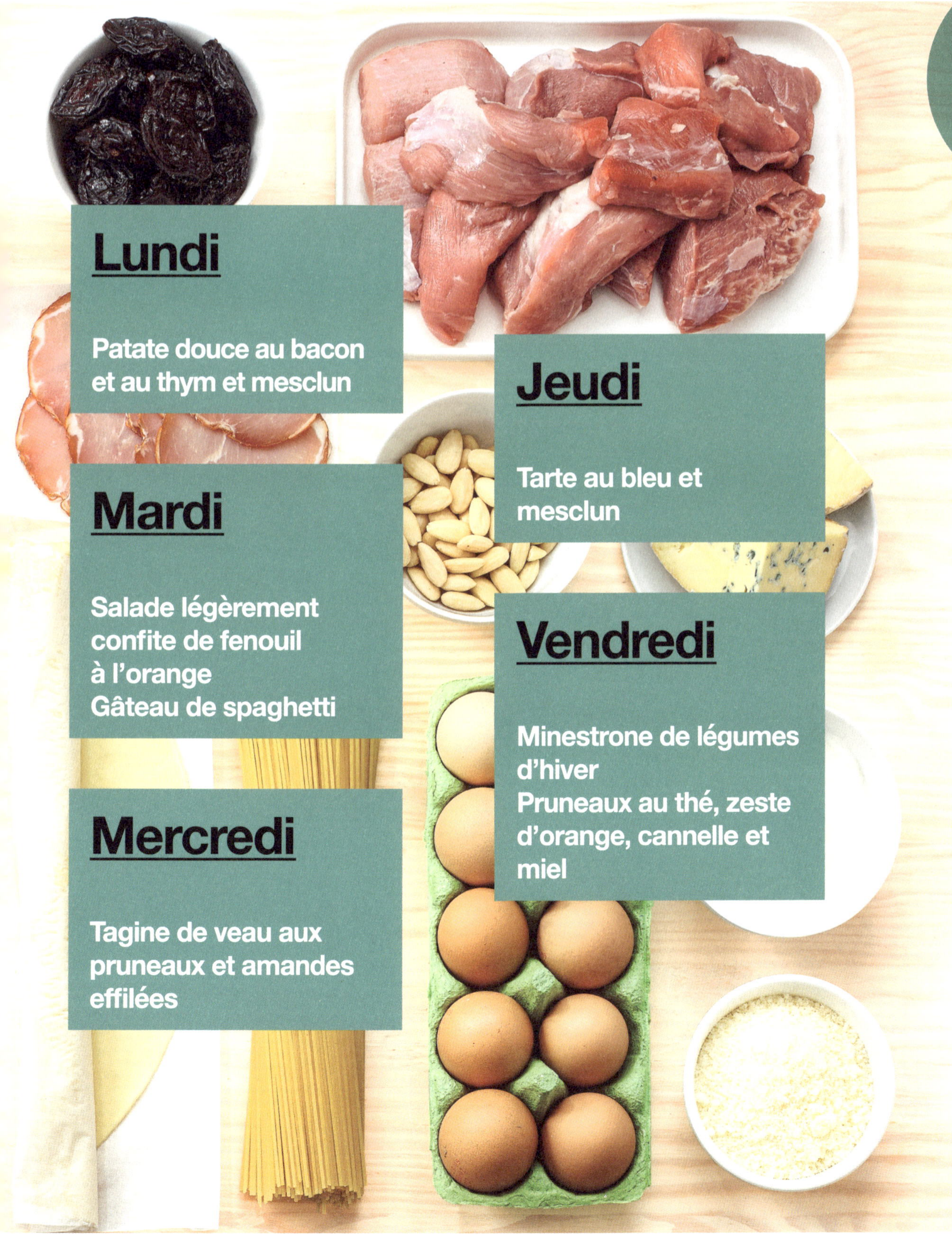

Lundi

Patate douce au bacon et au thym et mesclun

Mardi

Salade légèrement confite de fenouil à l'orange
Gâteau de spaghetti

Mercredi

Tagine de veau aux pruneaux et amandes effilées

Jeudi

Tarte au bleu et mesclun

Vendredi

Minestrone de légumes d'hiver
Pruneaux au thé, zeste d'orange, cannelle et miel

Préparation Menu #1

Matériel à préparer

Pour une meilleure vue d'ensemble, sortez tous les ustensiles dont vous aurez besoin. Cela facilitera votre organisation et vous n'aurez pas besoin de chercher dans vos placards au cours des 2h de cuisine. Sortez également les ingrédients et épluchez tous les légumes. Voici les ustensiles dont vous aurez besoin :

* 1 mandoline
* 2 bols
* 1 faitout
* 1 cocotte
* 1 poêle
* 1 plat à four
* 1 casserole

C'est parti pour 2 h en cuisine !

1 Faites cuire les spaghetti dans une grande casserole d'eau salée pendant 8 min. Égouttez, ajoutez 1 filet d'huile d'olive pour ne pas qu'ils collent et réservez-les dans une boîte au frais.

2 Préparez les légumes. Épluchez et hachez les oignons. Épluchez les patates douces et coupez-les en rondelles. Épluchez le fenouil, tranchez-le finement à la mandoline et coupez en morceaux le haut et le vert des tiges que vous gardez à part dans un bol.

3 Épluchez et coupez en petits cubes le reste des légumes (les pommes de terre, le panais, les carottes, le céleri et le poireau).

4 Zestez l'orange et réservez les zestes dans un bol pour le dessert. Pelez l'orange à vif et coupez-la en rondelles fines. Réservez le tout dans une grande boîte avec le jus.

5 Commencez par le minestrone de légumes d'hiver. Mettez tous les légumes coupés en petits cubes dans un faitout, ajoutez 2 feuilles de laurier, salez et poivrez. Couvrez et faites cuire 15 à 20 min à feu doux. Laissez refroidir et versez dans un bocal ou une bouteille. Réservez au frais.

6 Préparez le tagine. Versez de l'huile dans une cocotte et faites-y dorer les oignons pendant 5 min. Ajoutez la viande de veau et saisissez-la sur tous les côtés. Salez et poivrez puis ajoutez 1 cuil. à soupe de ras-el-hanout, les amandes émondées, 1 pincée de cannelle et

Préparation Menu #1

1 cuil. à café de miel. Mélangez et couvrez d'eau à hauteur. Couvrez et laissez cuire 20 min puis ajoutez la moitié des pruneaux. Laissez encore mijoter 20 min à feu doux. Laissez refroidir et réservez au frais dans la cocotte ou dans une boîte. Faites griller à sec les amandes dans une poêle et réservez-les dans une boîte.

7 Préchauffez le four à 180 °C (th. 6). Déposez les rondelles de patate douce dans le plat et ajoutez en les intercalent les tranches de bacon. Versez 1 filet d'huile d'olive et parsemez de thym. Poivrez et enfournez pour 40 min (dont les 20 premières sous du papier d'aluminium). Laissez refroidir, filmez et réservez au frais.

8 Enchaînez avec la tarte que vous enfournerez à la suite des patates douces. Déroulez la pâte dans un plat à tarte. Versez le fromage blanc dans un bol et ajoutez 4 œufs, 1 pincée de sel et de poivre. Battez à la fourchette pour une texture bien lisse et homogène puis ajoutez le bleu que vous taillez en écailles dans la préparation. Versez sur le fond de tarte et enfournez pour 25 min. Laissez refroidir, filmez et réservez au congélateur.

9 Préparez le dessert aux pruneaux. Versez 50 cl d'eau dans une casserole, les pruneaux, 1 cuil. à soupe de zeste d'orange, le sachet de thé, 2 cuil. à soupe de miel et portez à ébullition. Laissez cuire à petit bouillon pendant 10 à 15 min. Enlevez le sachet de thé au bout de quelques minutes en fonction de vos goûts pour une infusion plus ou moins forte. Laissez refroidir, ajoutez de la cannelle. Goûtez et ajoutez du miel

et/ou de la cannelle si nécessaire, réservez dans une boîte au frais.

<u>10</u> **Finissez de préparer la salade de fenouil à l'orange.** Ajoutez les tranches fines de fenouil dans la boîte contenant les oranges en rondelles et le jus. Mélangez et versez 3 cuil. à soupe d'huile d'olive, 1 pincée de sel et 1 pincée de poivre.

Conservation

Une fois que tous les plats sont prêts, laissez-les bien refroidir et suivez le petit récapitulatif ci-dessous pour placer au réfrigérateur ou au congélateur vos différentes préparations.

À conserver au frais

- Les spaghetti, dans une boîte hermétique.
- La soupe minestrone, dans une bouteille ou un bocal hermétique.
- Le tagine, dans une boîte hermétique.
- Les amandes grillées à sec, dans une boîte.
- Les patates douces au bacon, dans leur plat filmé.
- Le dessert aux pruneaux, dans une boîte hermétique.
- La salade de fenouil et les oranges, dans une boîte hermétique.

À conserver au congélateur

- La tarte au bleu, dans son plat filmé.

Résultat Menu #1

 Menu #1

Lundi

Patate douce au bacon et au thym + mesclun

Temps de préparation :
5 min
Temps de rcuisson :
10 min

Préchauffez le four à 180 °C (th. 6). Versez un filet d'huile d'olive et enfournez le plat pour 10 min. Sortez du four et ajoutez sur le dessus la moitié de la salade de mesclun, du poivre et un filet de vinaigre pour un peu d'acidité.

Mardi

Salade légèrement confite de fenouil à l'orange
Gâteau de spaghetti

TTemps de préparation :
5 min
Temps de cuisson :
11 min

Versez un filet d'huile d'olive dans la poêle et faites-y revenir les spaghetti pendant 2 à 3 min. Cassez 6 œufs dans un saladier, ajoutez le parmesan et poivrez. Battez à la fourchette. Versez les spaghetti dans le saladier, mélangez et versez dans la poêle chaude. Tassez pour former un ensemble assez compact et laissez cuire pendant 4 min. Retournez la préparation en vous aidant d'une assiette et laissez encore cuire 4 min.
Versez la salade de fenouil dans un saladier. Servez ensuite le gâteau de spaghetti que vous couperez en tranches.

Mercredi

Tagine de veau aux pruneaux et amandes effilées

Temps de préparation :
2 min
Temps de cuisson :
10 min

Réchauffez à feu moyen le tagine dans la cocotte.
Sortez la tarte du congélateur et mettez-la au réfrigérateur.

Jeudi

Tarte au bleu et mesclun

Temps de préparation :
2 min
Temps de cuisson :
15 min

Préchauffez le four à 170 °C (th 5-6) et enfournez la tarte pour 15 min. Ajoutez le mesclun restant, 1 pincée de sel et de poivre et un filet d'huile d'olive. Servez bien chaud.

Vendredi

Minestrone de légumes d'hiver
Pruneaux au thé, zeste d'orange, cannelle et miel

Temps de préparation :
2 min
Temps de cuisson :
10 min

Réchauffez à feu doux le minestrone et servez dans des bols ou assiettes creuses. Versez les pruneaux dans un saladier. Saupoudrez de cannelle.

Menu #2

Courses Menu #2

Légumes / Fruits

- 5 carottes
- 6 pommes de terre
- 1 panais
- 1 kg d'endives
- 1 botte de persil
- 1 botte d'aneth
- 1 petite betterave cuite
- 4 bananes

Placard de base

- Curry
- Safran
- Sucre
- Huile d'olive
- Vinaigre
- Sel
- Poivre

Viande / Poisson

- 2 tranches de truite fumée
- 1 saucisse de Morteau

Crémerie

- 50 cl de crème fraîche
- 4 œufs
- 100 g de fromage râpé
- 1 petit reblochon
- 2 yaourts au lait entier
- Parmesan

Épicerie

- 1 paquet de lentilles (500 g)
- 1 pâte brisée
- 1 boîte de lait de coco
- 2 sachets de riz cuisson express de 250 g

Lundi

Gratin de pommes de terre à la crème et reblochon, persil

Mardi

Salade d'endives et betterave cuite
Quiche à la truite fumée et aneth

Mercredi

Lentilles et carottes à la saucisse de Morteau

Jeudi

Endives braisées et riz au safran et parmesan
Glace à la banane

Vendredi

Velouté de légumes au lait de coco et au curry

Préparation Menu #2

Matériel à préparer

Pour une meilleure vue d'ensemble, sortez tous les ustensiles dont vous aurez besoin. Cela facilitera votre organisation et vous n'aurez pas besoin de chercher dans vos placards au cours des 2h de cuisine. Sortez également les ingrédients et épluchez tous les légumes. Voici les ustensiles dont vous aurez besoin :

* 1 économe
* 1 moule à tarte
* 1 bol
* 1 cuit-vapeur
* 1 plat à gratin
* 1 grande casserole
* 1 cocotte

C'est parti pour 2 h en cuisine !

1 Commencez par préparer tous les légumes. Épluchez les carottes, coupez-en 3 en tronçons et 2 en rondelles pour les lentilles. Épluchez les pommes de terre et coupez-les en 2. Épluchez et coupez le panais en morceaux. Lavez les endives et coupez-les en tronçons. Coupez-en 2 en rondelles fines. Tranchez le reste en 2 dans le sens de la longueur. Ciselez l'aneth et le persil.

2 Préchauffez le four à 180 °C (th. 6).

3 Préparez la quiche. Déroulez la pâte dans un moule à tarte. Coupez la truite en petits morceaux et déposez-les sur la pâte. Cassez 4 œufs dans un bol, ajoutez 2 cuil. à soupe d'eau et 25 cl de crème. Battez au fouet et ajoutez le fromage râpé, 1 pincée de poivre et tout l'aneth ciselé. Mélangez et versez sur la truite fumée. Enfournez pour 25 à 30 min. Laissez refroidir et placez le plat filmé au frais

4 Préparez le gratin au reblochon. Faites cuire les 4 pommes de terre coupées en deux à la vapeur pendant 15 min. Mettez-les dans un plat à gratin, ajoutez la crème, poivrez et mélangez rapidement. Coupez le reblochon en deux dans l'épaisseur et posez-le sur le plat, croûte sur le dessus. Filmez et réservez au frais.

5 Préparez le velouté de légumes. Mettez les pommes de terre restantes, 3 carottes et le panais dans une grande casserole. Versez le lait de coco et encore une fois la boîte remplie d'eau. Ajoutez 1 bonne cuillerée à soupe de

curry et laissez cuire à petit bouillon pendant 20 min. Mixez en velouté et ajoutez de l'eau si nécessaire. Versez dans un récipient et conservez au congélateur.

6 **Préparez la cocotte de lentilles à la saucisse de Morteau.** Lavez les lentilles sous l'eau et mettez-les dans une cocotte. Ajoutez les carottes et la saucisse de Morteau. Remplissez et couvrez bien d'eau. Laissez mijoter 25 à 30 min à petit bouillon. Laissez refroidir, saupoudrez de persil, couvrez et gardez au frais.

7 **Préparez les endives.** Faites cuire les endives à la vapeur pendant 10 min. Réservez-les au frais dans une boîte une fois refroidies.

8 **Préparez la salade d'endives.** Épluchez et coupez en cubes la betterave cuite. Mettez-les dans une boîte et ajoutez les rondelles d'endives sur le dessus, parsemez de persil ciselé. Fermez et réservez au frais.

9 **Terminez par le dessert aux bananes.** Épluchez les bananes, coupez-les en tronçons et mettez-les au congélateur dans un sac congélation zippé.

10 **Mettez le reste de persil** dans une petite boîte et au frais.

Conservation

Une fois que tous les plats sont prêts, laissez-les bien refroidir et suivez le petit récapitulatif ci-dessous pour placer au réfrigérateur ou au congélateur vos différentes préparations.

À conserver au frais

* La quiche à la truite fumée et aneth, dans le moule filmé.
* Le gratin de pommes de terre, dans le plat filmé.
* Les lentilles, dans la cocotte fermée.
* Les endives cuites, dans une boîte hermétique.
* La salade d'endives et de betteraves, dans une boîte hermétique.
* Le persil, dans une boîte hermétique.

À conserver au congélateur

* Le velouté de légumes, dans un récipient hermétique.
* Les bananes, dans un sac congélation zippé.

Résultat Menu #2

 Menu #2

Lundi

Gratin de pommes de terre à la crème et reblochon, persil

Temps de cuisson :
15 min

Préchauffez le four à 200 °C (th. 6-7). Enfournez le gratin pour 15 min. Saupoudrez de persil et dégustez bien chaud.

Mardi

Salade d'endives et betterave cuite
Quiche à la truite fumée et aneth

Temps de préparation :
5 min
Temps de cuisson :
15 min

Préchauffez le four à 180 °C (th. 6). Enfournez la quiche pour 15 min.
Versez la betterave, les endives et le persil dans un saladier. Arrosez d'huile d'olive et d'un trait de vinaigre. Salez et poivrez. Mélangez et servez en entrée ou en accompagnement de la quiche.

Mercredi

Lentilles et carottes à la saucisse de Morteau

Temps de préparation :
5 min
Temps de cuisson :
10 min

Réchauffez à feu moyen la cocotte avec les lentilles et la saucisse de Morteau. Ajoutez de l'eau si nécessaire. Coupez la saucisse en rondelles. Versez les lentilles dans un grand plat creux et ajoutez les rondelles de saucisse et parsemez de persil restant.

Jeudi

Endives braisées et riz au safran et parmesan
Glace à la banane

Temps de préparation : 8 min
Temps de cuisson : 10 min

Mettez les bananes et les yaourts dans le blender. Laissez décongeler pendant le dîner.
Versez de l'huile dans une grande poêle et faites dorer les endives pendant 3 min de chaque côté. Ouvrez le sachet du riz et versez-le à côté des endives. Saupoudrez de safran. Mélangez et laissez cuire 4 min. Pendant ce temps, à l'aide d'un économe, faites des copeaux de parmesan. Dressez le riz et les endives sur un plat et parsemez de copeaux de parmesan. Poivrez et dégustez bien chaud.
Pendant que les enfants débarrassent, mixez la glace à la banane, sucrez si nécessaire et versez dans des petits bols.
Décongelez le velouté de légumes au curry.

Vendredi

Velouté de légumes au lait de coco et au curry

Temps de préparation : 2 min
Temps de cuisson : 10 min

Faites réchauffer à feu moyen le velouté de légumes.
Versez dans des bols et dégustez bien chaud.

Menu #3

Courses Menu #3

Légumes / Fruits

- 4 poireaux
- 8 pommes de terre
- 4 carottes
- ½ céleri-rave
- 2 navets
- 2 panais
- 2 oignons
- Persil
- Ciboulette
- 2 mangues
- 1 citron vert

Viande / Poisson

- 1 kg de bœuf (gîte, macreuse, joue)
- 4 tranches de jambon blanc

Crémerie

- 20 cl de crème fraîche
- 75 g de gruyère râpé
- 500 g de fromage blanc à 40 %
- 1 petit pot de cancoillotte

Placard de base

- 1 bouquet garni
- 5 clous de girofle
- Noix muscade
- Cornichons
- Sucre roux
- Huile d'olive
- Vinaigre
- Moutarde
- Poivre
- Gros sel

Épicerie

- 2 boîtes de tomates concassées
- 1 pain de campagne coupé en tranches
- 1 paquet de spaghetti (250 g)

Lundi

Pot-au-feu express
à la Cocotte-Minute

Mardi

Gratin de poireaux
au jambon, crème,
muscade et gruyère
Carpaccio de mangue
au jus et zeste de citron
vert et sucre roux

Mercredi

Pommes de terre tièdes
au fromage blanc épais
aux herbes

Jeudi

Tartines de cancoillotte
Velouté de légumes

Vendredi

Spaghetti sauce à la
viande et aux tomates

Préparation Menu #3

Matériel à préparer

Pour une meilleure vue d'ensemble, sortez tous les ustensiles dont vous aurez besoin. Cela facilitera votre organisation et vous n'aurez pas besoin de chercher dans vos placards au cours des 2h de cuisine. Sortez également les ingrédients et épluchez tous les légumes. Voici les ustensiles dont vous aurez besoin :

* 1 économe
* 1 cuit-vapeur
* 1 plat à four
* 1 bol
* 1 mixeur

C'est parti pour 2 h en cuisine !

1 Commencez par préparer tous les légumes. Coupez le vert des poireaux, entaillez le blanc et lavez-le bien sous l'eau claire. Épluchez les pommes de terre, les carottes, le céleri, les navets et les panais. Coupez les légumes en 2 à l'exception de 6 pommes de terre. Épluchez les oignons, piquez-en 1 de clous de girofle et ciselez le second. Ciselez le persil et la ciboulette.

2 Préparez le pot-au-feu. Mettez dans une Cocotte-Minute les morceaux de bœuf et couvrez d'eau froide. Portez à ébullition et écumez pendant 5 bonnes min. Ajoutez ensuite le bouquet garni, l'oignon piqué de clous de girofle, 2 belles carottes coupées en deux, le ½ céleri et les navets. Fermez la cocotte et laissez cuire 45 min après sifflement de la cocotte. Laissez refroidir. Réservez environ 250 g de viande sur une assiette pour la sauce à la viande. Conservez le reste au frais dans une boîte.

3 Préparez le gratin de poireaux. Faites cuire les poireaux à la vapeur pendant 20 min. Enroulez-les de 1 tranche de jambon. Déposez-les dans un plat allant au four les uns à côté des autres. Versez la crème fraîche dans un bol, ajoutez les 3/4 du fromage râpé, 1 pincée de noix muscade et de poivre. Mélangez bien et versez sur les poireaux. Saupoudrez de fromage râpé restant. Filmez et réservez au frais.

4 Préparez les pommes de terre au fromage blanc et aux herbes. Faites cuire les pommes de terre à la vapeur pendant 20 min. Coupez-les

Préparation Menu #3

en grosses rondelles et réservez dans une boîte. Mélangez le fromage blanc avec une cuillère pour le détendre. Ajoutez 4 cuil. à soupe de persil et de ciboulette ainsi que 2 cuil. à soupe d'oignon. Salez et poivrez. Refermez la boîte et réservez au frais.

5 Préparez le velouté. Mettez dans une grande casserole les pommes de terre et les carottes restantes et ajoutez les panais. Couvrez bien d'eau, ajoutez 1 pincée de sel et poivre. Faites cuire à petit bouillon pendant 20 min. Ajoutez 1 bonne cuil. à soupe de persil frais. Mixez en velouté, goûtez et rectifiez l'assaisonnement. Versez dans une bouteille et réservez au frais.

6 Préparez la sauce à la viande. Versez 1 filet d'huile dans une poêle et faites-y revenir le dernier oignon. Versez les boîtes de tomates et ajoutez 1 pincée de sucre roux. Salez, poivrez et ajoutez la ciboulette et le persil restants. Laissez cuire pendant 10 min. Effilochez la viande du pot-au-feu que vous avez réservée et ajoutez-la à la préparation. Mélangez et laissez encore cuire 5 bonnes min. Laissez refroidir, versez dans une boîte et congelez.

7 Terminez par la mangue. Épluchez la mangue et coupez-la en fines lamelles. Mettez-les dans une boîte. Zestez sur le dessus le citron vert puis pressez-le. Ajoutez le jus et saupoudrez de sucre roux. Mélangez délicatement. Fermez la boîte et réservez au frais.

Conservation

Une fois que tous les plats sont prêts, laissez-les bien refroidir et suivez le petit récapitulatif ci-dessous pour placer au réfrigérateur ou au congélateur vos différentes préparations.

À conserver au frais

* Le pot-au-feu, dans une boîte hermétique.
* Le gratin de poireaux, dans le plat filmé.
* Les pommes de terre et le fromage blanc, chacun dans une boîte hermétique.
* Le velouté de légumes, dans une bouteille fermée.
* Le carpaccio de mangue, dans une boîte hermétique.

À conserver au congélateur

* La sauce à la viande, dans une boîte hermétique.

Résultat Menu #3

Menu #3

Lundi

Pot-au-feu express à la Cocotte-Minute

Temps de préparation : 5 min
Temps de cuisson : 15 min

Faites réchauffer le pot-au-feu dans un faitout pendant 15 min. Versez du bouillon dans 4 bols et dressez la viande et les légumes sur un plat de service. Ajoutez tout autour des cornichons. Proposez en accompagnement de la moutarde, du gros sel et du pain de campagne.

Mardi

Gratin de poireaux au jambon, crème, muscade et gruyère Carpaccio de mangue au jus et zeste de citron vert et sucre roux

Temps de préparation : 5 min
Temps de cuisson : 15 min

Préchauffez le four à 200 °C (th. 6-7) et enfournez le plat pour 15 min. Dressez le carpaccio de mangue sur un plat.

Mercredi

Pommes de terre tièdes au fromage blanc épais aux herbes

Temps de préparation : 5 min
Temps de cuisson : 6 min

Versez 1 filet d'huile d'olive dans une grande poêle et faites dorer légèrement les pommes de terre environ 3 min de chaque côté. Déposez-les dans un plat de service. Versez le fromage blanc dans un grand bol.

Jeudi

Tartines de cancoillotte
Velouté de légumes

Temps de préparation : 8 min
Temps de cuisson : 10 min

Faites réchauffer le velouté dans une casserole à feu moyen. Passez 4 tranches de pain de campagne au grille-pain et tartinez-les de cancoillotte. Déposez les tartines sur une assiette et servez avec le velouté.

Vendredi

Spaghetti sauce à la viande et aux tomates

Temps de cuisson : 5 min
Temps de préparation : 9 min

Faites cuire les pâtes *al dente* dans une grande casserole d'eau bouillante salée. Réchauffez la sauce dans une petite casserole.
Égouttez les pâtes et versez-les dans un grand saladier. Ajoutez la sauce et 1 filet d'huile d'olive. Mélangez et servez bien chaud.

Menu #4

Courses Menu #4

Légumes / Fruits

- 6 pommes de terre
- 6 carottes
- 1 petit chou vert
- 2 betteraves crues
- 1 botte de persil
- 4 pommes
- 1 paquet de mâche

Viande / Poisson

- 700 g de palette fumée

Crémerie

- 50 cl de crème liquide
- 4 œufs
- 70 g de gruyère râpé
- 4 belles tranches de raclette
- 1 petit sachet de parmesan (50 g)

Placard de base

- Bouquet garni
- Muscade
- Confiture de framboises, fraises, coings....
- Huile
- Vinaigre
- Moutarde
- Poivre

Épicerie

- 1 paquet de pois cassés verts (500 g)
- 1 paquet de tagliatelles (500 g)

Lundi

Pommes de terre à la raclette
Betteraves râpées au persil

Mardi

Crème de pois cassés
Pomme au four à la confiture

Mercredi

Cocotte de palette fumée aux légumes et persil frais

Jeudi

Mâche aux fils de betterave
Flan de carottes à la noix muscade

Vendredi

Tagliatelle façon « carbonara »

Préparation Menu #4

Matériel à préparer

Pour une meilleure vue d'ensemble, sortez tous les ustensiles dont vous aurez besoin. Cela facilitera votre organisation et vous n'aurez pas besoin de chercher dans vos placards au cours des 2h de cuisine. Sortez également les ingrédients et épluchez tous les légumes. Voici les ustensiles dont vous aurez besoin :

- 1 économe
- 1 cocotte
- 2 casseroles (1 grande et 1 moyenne)
- 1 blender
- 1 vide-pomme
- 2 plats à four
- 1 saladier
- 1 râpe
- 1 moule à savarin en silicone (ou huilé)

C'est parti pour 2 h en cuisine !

1 Commencez par préparer les légumes. Lavez les pommes de terre. Épluchez et coupez les carottes en tronçons. Lavez le chou vert et coupez-le en 4. Épluchez les betteraves et ciselez le persil.

2 Préparez la cocotte. Mettez la palette fumée dans la cocotte, couvrez d'eau et portez à petit bouillon. Réservez la palette sur une assiette et jetez l'eau afin d'avoir une préparation moins grasse et moins salée. Remettez la palette dans la cocotte, ajoutez les carottes, les pommes de terre, le chou vert et le bouquet garni (à l'exception d'une feuille de laurier). Couvrez d'eau et laissez mijoter pendant 45 min. Laissez refroidir puis placez la cocotte filmée au frais.

3 Préparez la crème de pois cassés. Lavez les pois cassés sous l'eau froide et mettez-les dans une grande casserole. Couvrez bien d'eau, ajoutez une feuille de laurier et laissez cuire selon les indications du paquet. Salez et poivrez. Versez le tout dans un blender, ajoutez 15 cl de crème et mixez en texture lisse. Ajoutez de l'eau si nécessaire. Laissez refroidir, versez dans une bouteille et gardez au frais.

4 Préparez les pommes au four. Préchauffez le four à 180 °C (th. 6). Lavez les pommes et ôtez le milieu à l'aide d'un vide-pomme. Déposez sur un plat allant au four et ajoutez de la confiture au centre. Enfournez pour 20 min. Laissez refroidir, filmez et gardez au frais.

Préparation Menu #4

5 **Préparez les betteraves.** Râpez les betteraves avec les gros trous de la râpe. Réservez 1 bonne cuil. à soupe de betterave dans un petit récipient pour la salade de mâche du jeudi.

6 **Préparez la salade.** Faites une vinaigrette forte. Mettez 1 cuil. à soupe de moutarde dans un saladier, ajoutez 2 cuil. à soupe de vinaigre et 3 cuil. à soupe d'huile d'olive. Salez et poivrez, émulsionnez. Ajoutez 2 cuil. à soupe de persil et les betteraves râpées. Mélangez bien et versez dans une boîte. Fermez et conservez au frais.

7 **Préparez la vinaigrette toute simple pour la salade de mâche.** Mélangez 1 cuil. à soupe de vinaigre avec 2 cuil. à soupe d'huile. Salez et poivrez. Versez dans un petit pot et conservez au frais.

8 **Préparez le flan de carotte.** Retirez l'équivalent de 4 carottes de la cocotte. Écrasez grossièrement à la fourchette. Cassez 4 œufs dans un saladier, versez 20 cl de crème, ajoutez le fromage râpé et 1 bonne pincée de noix muscade. Salez, poivrez et battez à la fourchette. Ajoutez les carottes, 1 cuil. à soupe de persil et versez dans un moule à savarin en silicone (si pas de silicone, huilez légèrement le moule). Déposez dans un bain-marie et enfournez à la suite des pommes pour 25 min. Laissez refroidir, filmez et mettez au congélateur.

9 **Préparez le plat à raclette.** Prenez 4 pommes de terre de la cocotte. Coupez-les en deux et déposez-les les unes à côté des autres dans un plat allant au four. Ajoutez les tranches de

fromage de raclette et poivrez bien. Filmez et réservez au frais.

10 Préparez la sauce façon « carbonara ». Coupez une belle tranche de palette fumée (env. 200 g), hachez-la grossièrement et mettez-la dans une casserole. Ajoutez 15 cl de crème, 3 cuil. à soupe de bouillon de la palette, 1 pointe de moutarde forte, 1 bonne pincée de poivre et mélangez bien. Faites chauffer à feu doux et stoppez dès que la préparation bouillonne. Laissez refroidir, versez dans une boîte et conservez au congélateur.

11 Conservez le persil restant au frais dans une boîte ou un petit sachet en plastique.

Conservation

Une fois que tous les plats sont prêts, laissez-les bien refroidir et suivez le petit récapitulatif ci-dessous pour placer au réfrigérateur ou au congélateur vos différentes préparations.

À conserver au frais

* La cocotte de palette, dans la cocotte filmée.
* La crème de pois cassés, dans une bouteille fermée hermétiquement.
* Les pommes au four, dans le plat filmé.
* La salade de betteraves dans une boîte hermétique.
* Le reste des betteraves râpées, dans une boîte hermétique.
* La vinaigrette, dans un pot fermé hermétiquement.
* Les pommes de terre à la raclette, dans le plat filmé.
* Le persil, dans une boîte hermétique ou un sac congélation zippé.

À conserver au congélateur

* Le flan aux carottes, dans le moule filmé.
* La sauce façon « carbonara », dans une boîte hermétique.

Résultat Menu #4

Menu #4

Lundi

Pommes de terre à la raclette
Betteraves râpées au persil

Temps de préparation :
5 min
Temps de cuisson :
8/10 min

Préchauffez le four à 200°C (th. 6-7). Enfournez le plat en surveillant.
Versez la salade de betterave dans un saladier.

Mardi

Crème de pois cassés
Pomme au four à la confiture

Temps de préparation :
2 min
Temps de cuisson :
10 min

Versez la soupe de pois cassés dans une grande casserole et réchauffez à feu doux pendant 10 min. Versez dans des bols.
Préchauffez le four à 160 °C (th. 5-6) et réchauffez doucement les pommes pendant le dîner.

Mercredi

Cocotte de palette fumée aux légumes et persil frais

Temps de cuisson :
15 min

Réchauffez la cocotte à feu doux pendant 15 min, parsemez de persil et servez directement dans la cocotte.
Décongelez le flan de carottes.

Jeudi

Mâche aux fils de betterave
Flan de carottes à la noix muscade

Temps de préparation : 5 min
Temps de cuisson : 15 min

Préchauffez le four à 160 °C (th. 5-6). Faites chauffer de l'eau dans une bouilloire. Versez dans un grand plat et mettez le moule avec le flan, enfournez pour 15 min. Réchauffez ainsi au bain-marie pour ne pas que le flan soit sec.
Versez la vinaigrette dans un saladier et ajoutez la mâche et les fils de betterave. Mélangez et servez.
Décongelez la sauce « carbonara ».

Vendredi

Tagliatelle façon « carbonara »

Temps de préparation : 5 min
Temps de cuisson : 8 min

Faites chauffer de l'eau dans une casserole et faites cuire les spaghetti *al dente* pendant 8 min.
Versez la sauce dans une petite casserole et réchauffez-la à feu doux pendant que les spaghetti cuisent.
Ouvrez le sachet de parmesan et versez-le dans un bol.
Égouttez les spaghetti et versez-les dans un saladier.
Ajoutez la sauce, mélangez et servez. Accompagnez de parmesan ou pas.

Menus du printemps

Menu #1 du printemps

Lundi

Radis au beurre et sel
Omelette aux fanes de radis et ciboulette

Mardi

Polenta crémeuse au parmesan et poivre noir

Mercredi

Navarin de veau aux carottes, pommes de terre et petits pois

Jeudi

Blinis aux fanes de carottes
Velouté de petits pois aux lardons fumés croustillants

Vendredi

Frites de polenta et salade à la ciboulette

Menu #2 du printemps

Lundi

Carpaccio d'asperges crues à l'huile d'olive et citron
Pommes de terre au four farcies aux oignons nouveaux et aux herbes

Mardi

Blancs de dinde, asperges vertes et riz thaï en papillote
Mousse au chocolat

Mercredi

Tartines de chèvre frais à l'huile et romarin
Velouté de cresson

Jeudi

Poêlée de navets caramélisés au miel et gingembre, riz thaï

Vendredi

Boulettes de bœuf et fanes de navets à la poêle avec huile d'olive, piment et ail sur pain grillé

Menu #3 du printemps

Lundi

Fenouil rôti, mozzarella et croûtons grillés
Fraises à la fleur d'oranger

Mardi

Salade d'épinards frais au parmesan
Filets de maquereaux à la moutarde et pommes de terre au four

Mercredi

Tagine de carottes, pois chiches et olives vertes

Jeudi

Soupe de légumes au chorizo et persil frais, frites de pain grillé

Vendredi

Cannelloni ricotta-épinards et coulis de tomates

Menu #4 du printemps

Lundi

Céleri-rave à l'huile d'olive et au citron
Tarte au fromage blanc et aux herbes

Mardi

Rôti de porc à la rhubarbe et mélange 4 céréales

Mercredi

Salade épinards, tomates cerise et œufs mollets
Compote de rhubarbe et fraises

Jeudi

Poêlée de mélange 4 céréales aux herbes, fenouil et dés de saumon

Vendredi

Velouté chaud ou froid de courgettes à la menthe et dés de feta

Menus d'été

Menu #1 d'été

Lundi

Taboulé de couscous au thon
Sorbet melon banane et menthe fraîche

Mardi

Quiche à la courgette et vert de fenouil parsemée de roquette

Mercredi

Salade grecque

Jeudi

Brochette de poulet mariné au citron et fenouil et couscous

Vendredi

Carpaccio de betterave cuite à l'huile d'olive et roquette
Spaghetti « cacio e pepe »

Menu #2 d'été

Lundi

Gaspacho de melon
Sardines fraîches marinées à l'huile d'olive et au citron avec baguette grillée et salade au basilic

Mardi

Tomates farcies et riz blanc

Mercredi

Orecchiette aux tomates fraîches, à l'ail et au basilic
Crème de fruits rouges glacée

Jeudi

Gratin de courgettes (avec fond de riz) et jambon cru

Vendredi

Pizza au chèvre frais et pousses d'épinards

Menu #3 d'été

Lundi

Saumon cru mariné, houmous de lentilles et caviar d'aubergines

Mardi

Salade de fenouil à l'aneth
Tarte aux tomates et au thym

Mercredi

Lentilles à la feta, tomate, pastèque et pluches de fenouil
Granité de pastèque aux framboises

Jeudi

Aubergines à la suédoise avec du chorizo

Vendredi

Farfalle au pesto

Menu #4 d'été

Lundi

Tagliatelles de courgettes crues au citron
Pissaladière

Mardi

Wok de bœuf aux poivrons et à la coriandre

Mercredi

Flan aux légumes d'été *al dente* et coulis de basilic

Jeudi

Toast à la truite fumée
Soupe froide de courgettes, chèvre et menthe

Vendredi

Lasagnes au jambon et à l'origan

Menus d'automne

Menu #1 d'automne

Lundi

Poireaux vinaigrette
Omelette aux pommes de terre et ciboulette

Mardi

Quiche aux fanes de carotte et mesclun

Mercredi

Spaghetti saumon mariné à la ciboulette

Jeudi

Velouté de légumes à la crème et tranche de lard grillée
Poires pochées au sucre et à la vanille

Vendredi

Épigramme d'agneau au cumin et purée de carottes et de pommes de terre

Menu #2 d'automne

Lundi

Baguette « tarte flambée » et salade d'endives

Mardi

Velouté de potimarron au lait de coco, curry et coriandre
Figues rôties à la cannelle

Mercredi

Radis noir au beurre et sel
Bœuf sauté aux oignons et champignons parsemé de coriandre

Jeudi

Farfalle crème de roquefort et noix

Vendredi

Endives au jambon

Menu #3 d'automne

Lundi

Butternut farcie au riz sauvage, persil et pignons grillés

Mardi

Joues de porc à l'orange et aux carottes
Riz

Mercredi

Gratin de coquillettes au fromage
Carpaccio d'orange à la cannelle

Jeudi

Œuf au jambon en gelée ou aspic
Velouté de carottes aux épices

Vendredi

Croquettes de riz sauvage aux champignons, persil, parmesan et salade de mâch

Menu #4 d'automne

Lundi

Chou rouge aux pommes, châtaignes et lardons fumés
Pamplemousse chaud au sucre

Mardi

Chili con carne

Mercredi

Côtes de blettes en salade
Quiche lorraine

Jeudi

Soupe de lentilles libanaise

Vendredi

Pâtes « papillon » à la crème de brocoli et parmesan

Menus d'hiver

Menu #1 d'hiver

Lundi

Patate douce au bacon et au thym et mesclun

Mardi

Salade légèrement confite de fenouil à l'orange
Gâteau de spaghetti

Mercredi

Tagine de veau aux pruneaux et amandes effilées

Jeudi

Tarte au bleu et mesclun sur le dessus

Vendredi

Minestrone de légumes d'hiver
Pruneaux au thé, zeste d'orange, cannelle et miel

Menu #2 d'hiver

Lundi

Gratin de pommes de terre à la crème et reblochon, persil

Mardi

Salade d'endives et betterave cuite
Quiche à la truite fumée et aneth

Mercredi

Lentilles et carottes à la saucisse de Morteau

Jeudi

Endives braisées et riz au safran et parmesan
Glace à la banane

Vendredi

Velouté de légumes au lait de coco et au curry

Menu #3 d'hiver

Lundi

Pot-au-feu express à la Cocotte-Minute

Mardi

Gratin de poireaux au jambon, crème, muscade et gruyère
Carpaccio de mangue au jus et zeste de citron vert et sucre roux

Mercredi

Pommes de terre tièdes au fromage blanc épais aux herbes

Jeudi

Tartines de cancoillotte
Velouté de légumes

Vendredi

Spaghetti sauce à la viande et aux tomates

Menu #4 d'hiver

Lundi

Pommes de terre avec raclette, poivre noir et betteraves râpées au persil

Mardi

Crème de pois cassés
Pomme au four à la confiture

Mercredi

Cocotte de palette fumée aux légumes et persil frais

Jeudi

Mâche aux fils de betterave
Flan de carottes à la noix muscade

Vendredi

Tagliatelle façon « carbonara »

Remerciements

Isabelle Guerre remercie chaleureusement Luminarc pour les boîtes et saladiers en verre à couvercles si pratiques pour la conservation.

Merci à Poterie de Caromb et Maya Micenmacher pour leurs jolies céramiques.

Merci également à Monoprix, Ikea, Sostrene Grenes, Maisons du Monde, Casa, Bertozzi, Weck, Quatro Staggioni.

58, rue Jean Bleuzen – 92178 Vanves Cedex

Pour l'éditeur, le principe est d'utiliser des papiers composés de fibres naturelles, renouvelables, recyclables et fabriqués à partir de bois issus de forêts qui adoptent un système d'aménagement durable. En outre, l'éditeur attend de ses fournisseurs de papier qu'ils s'inscrivent dans une démarche de certification environnementale reconnue.

Direction : Catherine Saunier-Talec
Responsable éditoriale : Lisa Grall
Responsable de projet : Anne Vallet
Réalisation intérieure : Nord Compo
Correction : Claire Fontanieu
Fabrication : Amélie Latsch
Responsable partenariats : Sophie Morier (smorier@hachette-livre.fr)

Dépôt légal : janvier 2020
10-5540-2/01
ISBN : 978-2-01-945313-8
Imprimé en Espagne par Graficas Estella

PAPIER À BASE DE FIBRES CERTIFIÉES

hachette s'engage pour l'environnement en réduisant l'empreinte carbone de ses livres. Celle de cet exemplaire est de :
2,6 kg éq. CO_2
Rendez-vous sur www.hachette-durable.fr